JUST CULTURE

ヒューマンエラーは裁けるか

シドニー・デッカー［著］
芳賀 繁［監訳］

安全で公正な文化を築くには

新装版

東京大学出版会

Japanese translation by Shigeru HAGA et al.
University of Tokyo Press, 2024
ISBN 978-4-13-053036-1

推薦の言葉――安全文化構築への画期的提言

柳田邦男

読者に想像力をはたらかせてもらおう。

もしあなたが旅客機のパイロットか病院勤務の医師だったとする。高度な専門的知識を必要とする仕事の流れの中で、精一杯の努力をしていたにもかかわらず、なんらかのエラーをして事故になり、乗客あるいは患者に死者か負傷者が出ると、直ちに警察によって、業務上過失致死（致傷）罪の容疑者扱いされ、取り調べを受けることになる。

現実に、福島県立大野病院の産婦人科医が、帝王切開で出産させようとした患者を死亡させたとして、逮捕・起訴され、医療界に大きな衝撃を与えた。裁判で無罪にはなったが。

また、静岡県焼津付近上空で発生した旅客機同士のニアミス事故では、管制官が起訴され、東京高裁で禁固刑（執行猶予付き）の判決を受け、上告中だ（二〇〇九年九月現在）[*]。

あなたがこのような立場に立たされたら、発生した事故と自分のエラーの関係について、どう釈明するか。あるいは、捜査当局の取り調べに対し、どう対処し、裁判所の判決について、どういう見解

＊ 二〇一〇年一〇月二六日、最高裁判所は上告棄却の決定を下し、その後の異議申し立ても棄却されたので、一二月三日に二人の管制官の有罪が確定した。

を持つか。納得できなければ、社会にどうアピールするか。

もちろん詳しい事実関係がわからなければ、想像しろと言われても無理だと言われそうだが、ともかく業種の違いはあっても、複雑なシステムの中で高い専門性を求められる仕事をしている専門的職業人は、いつちょっとしたことで、犯罪者扱いされるかわからないのが、現代の特質だ。

事故が起きると、被害者はもとより一般の人々も、なぜ起きたのか、事故原因を解明してほしいと求めるし、それによって同じような事故が二度と起こらないようにしてほしいと願うようになる。そのようなニーズに対し、警察は捜査に取り組み、事故調査機関は技術的な調査に取り組む。

ところが、捜査は対象を現場の作業従事者とせいぜい直接の管理職に絞って、過失が法律の基準に反するものであったかを調べて送検するかどうかを決めるだけであって、事故の構造的な問題点やシステムの欠陥について解明して、行政や企業に勧告をするわけではないので、被害者らを失望させる。そういう構造的な問題の調査をするのは事故調査機関なのだが、捜査のほうが権力を持っていて、特に事故直後の段階では、現場保存、証拠物件の押収などの特権を行使するので、事故調査機関が思うように活動できないという問題が生じている。

アメリカでは、犯罪の疑いがない限り、事故調査機関の調査活動が優先され、ＦＢＩ（連邦警察局）は動かない。しかし、この度、芳賀繁・立教大学教授らによって翻訳された、スウェーデンのヒューマンファクター研究者であるシドニー・デッカー教授の本書、『ヒューマンエラーは裁けるか』によると、スウェーデンや英国など欧州諸国は、日本に劣らず、事故の現場作業の従事者の刑事責任を追及する傾向が強く、その傾向をヒューマンエラーの「犯罪化」という表現でとらえている。

人間のエラーを規則破りの犯罪という眼でとらえたり、「悪い奴は誰か」という発想で捜査したりしても、安全性向上に貢献しないどころか、逆にマイナスの役割を果たすことになるという現実については、この二〇〜三〇年間の各国の専門家による事故のヒューマンファクター研究によって明らかにされている。だが、多くの国の司法行政は、まるで法制度の沽券にかかわるとでもとらえているのか、刑事捜査優先の権限を明け渡そうとしない。

安全性向上を阻害し被害者感情を無視するこの矛盾に満ちた制度を改革するには、よほど緻密な実証性のある理論構築が必要だ。本書は、その問題にヒューマンファクター研究者の立場から、はじめて本格的に議論を展開した画期的な本だ。専門書であると同時に、一般読者にも読める豊富な事例を挿入した啓発の書でもある。私は、監訳者の芳賀教授と日本航空の安全アドバイザリーグループの委員として、四年間仕事を一緒にしてきたので、先生のヒューマンファクターに関する造詣の深さに敬服していたし、本書の要点についても、かねて聞いていた。だから、やっと待望の書の全文を読むことができて、嬉しいと感じると同時に、啓発されるところが多々あった。

私が共感する問題提起の論述は多い。そのいくつかを挙げておこう。
・ヒューマンエラーの古い視点は、ヒューマンエラーをインシデントの原因と考える。これに対し、新しい、システム的な視点は、ヒューマンエラーを原因ではなく、症状と考える。ヒューマンエラーは、システムの内部の深いところにある問題の結果である。

- ヒューマンエラーには、犯罪になるかならないかの一本の線があると一般に勘違いされているが、そこには越えたり守るべきだったりする線などない。誰が線を引くかが問題だ（捜査機関が線を引くのか、行政が線を引くのかそれぞれに線の位置が違ってくる）。
- 民事訴訟も刑事訴訟もヒューマンエラーの抑止力として機能しない。それによって生じた不安は、たとえば防衛的医療や質の低い医療につながったり、インシデントの発生率を高めることにさえつながったりする。
- 裁判、解雇、降格、停職、辞職などは、個人にとっても組織にとっても安全性向上には何の役にも立たない「後ろ向きの責任」でしかない。代わりに、説明責任に対する要求に十分に応えることや、組織やその構成員が学習し前進することを可能にするような失敗の分析報告は、未来志向の「前向きな責任」の取り方である。

本書はこのように様々な命題を説得力のある裏づけをもって提起したうえで、公正な安全文化を構築するための方法として、「段階的なアプローチ」なるものを提言している。それは身近なところから、地道に、段階的に進めていく方法で、たとえば第1段階は、インシデント報告制度の極めて具体的な取り組み方から始めている。

「インシデントは無料レッスンである。注意を喚起して集団として学ぶ最高の機会である」という認識をベースにして、「安全な組織と不安全な組織の違いは、そこで起きているインシデントの数ではなく、従業員から報告されるインシデントがどのように扱われているかの違いであることを新人実務者に確信させなければならない」といった具合だ。

本書が、日本におけるヒューマンエラー論、とりわけ刑事責任優先の思想と制度に、大きな影響を与えるのは確かだ。その意味で、芳賀教授があとがきで、デッカー教授の提言が日本社会に受け入れられるための条件について言及している点は重要だ。特に事故調査機関と専門家の信頼感が高いものになることと、被害者に対する説明責任が全うされることが、これからの日本では大きな課題となるだろう。

まえがき

キース・ラムステッドはニュージーランドに移住したイギリス人の心臓外科医である。三人の患者が、彼が執刀した手術の最中か直後に死に、彼は業務上過失致死罪*の容疑で告発された(1)。それより少し前、ある大学の医学部がラムステッド医師の技量に深刻な問題があると指摘し、七つの術例に能力不足が見られたと報告していた。その報告書が警察の知るところとなり、捜査が始まり、ついにはラムステッド医師の刑事責任追及につながったのである。

神のなせる技からとがめるべきリスクマネジメントの失敗まで

私たちの社会は患者の死を、犯罪の証拠、あるいはとがめるべき行動の一形態であると昔からみなしてきたわけではない。事故を説明する際にヒューマンエラーに目を向け、それを非難されるべき行為または犯罪とみなすことは、失敗の取り扱い方としてはごく最近のやり方である。事実上、「事故」という概念自体が比較的近代的なものなのである(2)。一七世紀の科学革命以前には、「事故」というよ

＊ 原語は manslaughter で、法律用語では「故殺」と翻訳するのが通例である。非計画的殺人のことで、日本の刑法では過失致死罪や傷害致死罪等に該当する。本書では以下「業務上過失致死」と訳す。

うな概念が不必要だったことは明らかである。宗教と迷信は、うまくことが運ばなかったわけを説明するモデルを豊富に提供してきた。人々はそれを宿命、運命、神の意思、魔術、タブー破りと呼んだ。不幸が誰に降りかかるかは（少なくともいつかは死を免れない人間に関しては）ランダムで制御不能なことと思われた。

事故の背景に神または悪魔の意思があるという考えを受け入れる人の数は時とともに減ってはきたが、この状態はその後も二〜三百年続いた。二〇世紀初頭になって、人々は事故を不幸な、しかしそれ以外は意味のない時空の偶然とみなし始めた。ランダムな物理的事象として、事故をまだ研究する価値のあるものとは考えていなかった。そして、事故を予測したり予防したりする試みの大半は無益なことと思っていた。

しかし最近三〇年の間に、事故の解釈は劇的に変化した。一九七九年のスリーマイル島原子力発電所事故、一九七七年のテネリフェで二機のジャンボ機が衝突した航空事故などの驚くべき失敗事例が、事故を社会的関心の中心に引き戻したのである。

今や事故が無意味で制御不能な事象などとは誰も考えない。反対に、事故はある特定のリスクが十分に管理（マネージ）されていなかった証拠であるとみなす。そしてこのマネジメントの失敗の背景には一人または複数の人間がいると。今日、私たちは事故という言葉をごく自由に使っているが、実際のところは「事故（アクシデント）＝偶発的事象」という語義から大きくずれているのである。大事故の公的調査には巨大な資源（金と労力）が費やされる。もし事故がランダムな事象なら、もし意味のない偶発的事象（これが本来のアクシデントの意味）なら、なぜそんなことをするのか。もちろん、お望みとあらば意味のないものを調査してもよいが、そこには何も見つからず、何も変えられないだろう。そうではなく、人々は専門家に事故を理解可能なものにしてもらいたいのである。どのリスク要因がコントロールされていなかったのか、どこでいつ誰がコントロールしそこなったかを、専門家に説明してほしいのである。事故はもはや全くアクシデントではない。事故はリスクマネジメントの失敗である。

リスクマネジメントの失敗という見方は、誰が責任者なのかを探す方向に社会を導く。今日もし不幸な事件が起きたとしても、人々はもはやそれをランダムとか制御不能とはみなさない。人々はきちんと自分の仕事をしなかった誰かを探し出すことを望む。そして、その「事故」を彼らの責任に帰すことを望むのだ。

犯罪化のトレンド

様々な実務分野において、ヒューマンエラーの犯罪化傾向は、比較的新しい現象である。そのことを多くの人が憂いているし、それは無理のないことだと思う。第7～10章で私はこの犯罪化の問題を詳しく論じたい。例えば、オペレーターや実務者が「一線を越えた」結果事故が起こるとなぜ勘違いされるかについて書くつもりだ。そこには越えたり守ったりすべき線などないことが、なぜ理解されないのかについて説明するつもりだ。そのような線は人々が作り上げるものであり、しかも、人々は毎回違う位置に線を引く。私は、どこに線があるかではなく、誰が線を引くかが重要なことを説明したい。

犯罪化は私たちが「公正な文化」と呼ぶものにまつわる難問の一端にすぎない。「公正」[*]というのがそもそも本質的に論議の多い言葉なので、「公正な文化」を定義することは難しい。公正とは何か、何が公正で何が不公正かについて、合意に至ることは決してないだろう。本質的に論議が多いとは、まさに本質、まさに本性においてその概念が無限に交渉可能であることを意味する。しかし、だからといって、公正な文化に関連する実務的な問題について、合意できないとか、進歩が望めないということではない。

安全と危険が紙一重の領域[**]にいる多くの人々が日々挑戦していることは、例えば実務者に、安全問題について語ったり、報告書を提出してもらったり、正直に話したりすることを促すことである。しかし、信頼を構築し、従業員に主体性の意識を持たせ、システムの安全性の改善に参加させることだけでも、十分に難しい。この問題については第1、3、4章で論じ、第2章では少し中断して一つの事例を取り上げ、公正な文化についていろいろな視点があることを示したい。第5、6章では、有責か否かを決める際の後知恵の影響を調べ、エラーの成分（技術的か規範的か）が違えば、そのエラーをどう扱うべきなのかが全く違ってくることを述べる。第12章では、ヒューマンエラーについての古い見方と新しい見方の区別の問題を正面から取りあげる。もしヒューマンエラーがシステムの深部にある不具合の兆候なら、私たちは単純にそのシステムを非難することができる。しかし、人々の説明責任はどうなるだろう。第13章で公正な文化を構築するための具体的ステップを記す。

異なる解釈、異なる対策

キース・ラムステッド医師のような専門家***を犯罪容疑で告発することは、失敗に対する対応の一つである。そこには、何が間違っていたのか、何をすべきだったのかについての一つの説明がある。しかし本書でこの後何度も説明する通り、別の対応もあり得るし、それらの方が有効性が高いかもしれないのである。

- 例えば、三人の患者の死は国際的移住に伴う過渡的現象かもしれない。すなわち、オーストラリアまたはニュージーランドに医師が移住する際に、現地の医療現場に適応するための手続きは適正だったのだろうか。
- 現地での医療行為における文化的差異を、どのように体系的に調整し、監視していたのだろうか(仮に、行われていたとすればだが)。

* ここではjusticeを「公正」と訳したが「正義」「裁判」という意味もある(形容詞型はjust)。
** 「安全と危険が紙一重の領域」(safety-critical domains)とは医療、航空、原子力など、一歩間違えると事故が起きる、したがって安全性が重視されている業界のこと。「実務者」はpractitionerの訳語。
*** 本書ではprofessional(専門家)とpractitioner(実務者)はほとんど同じ意味に用いられており、具体的には医師、看護師、航空パイロット、発電所のオペレーターなどを指す。なお、professionは専門職または職能団体と訳した。

・患者の死を専門職への参入制限の問題と捉えることもできる。外科医になれる基準は国ごとに異なるのか？　誰がどのような方法で希望を調整するのか？
・訓練と技能チェックの問題と見ることもできる。職業的パイロットが六カ月ごとに技能チェックを受けるように、外科医も患者の生死にかかわる技能について定期的かつ体系的なフォローアップを受ける義務があるのか？
・組織的問題として見ることもできる。当該病院には品質管理のしくみがなく、ラムステッド医師は手術を手伝う正規の助手を与えられず、医学部学生たちだけと一緒に働かされたと証言している。
・最後に、この事件を社会的・政治的問題として説明することが可能である。すなわち、地方都市の医療施設への予算の配分と監督は十分だったのか？

失敗に対する以上の説明一つひとつについて人を納得させるような論説を、そこから導かれる対策つきで書くことも十分可能である。犯罪は罰すればなくなる。アクセスと技能チェックはコントロール可能である。訓練の問題は教育で解決できる。組織の問題は経営改善すればよい。政治問題は選挙とロビー活動で消散する。

説明責任という言葉が意味する内容にも異なった見方が存在する。もしある行為を犯罪と見れば、説明責任とはそれを行った誰かを非難し処罰することを意味する。このような説明責任は後ろ向き、応報的である。そうではなく、もし同じ行為を組織的、あるいは技術的、あるいは教育的、あるいは政治的、あるいは運営上の問題の顕在化とみなせば、説明責任は前向きのものとなる。ここで疑問が生じる。すなわち、私たちはこの問題に対して何をなすべきか、この変化をもたらす責任を誰が負うべきか。

大切なのは、一つの説明が正しく、他がすべて間違っているというわけではないことである。つまり、同じ行為に対して複数の説明が常に可能だ（その複雑な全体像を捉えることが必要だ）ということである。事故の再発防止のために人々や組織が何をなすべきかについて、すべての説明は、それぞれ異なる対策を導くということである。

しかしながら、一部の説明は安全性にとって重大なマイナス効果を持っている。そういった説明は、他のすべての可能な説明をむしばみ、退色させる。ヒューマンエラーの犯罪化がまさにこれである。犯罪化は多くの悪い副作用を生みだし、他の可能な説明が表明されることを妨害する。これは不幸なことであり、絶対に無用なことである。失敗に対する不公正な反応は、最終章で論じる通り、悪いパフォーマンスに対するものではない。悪い関係性に対するものである。そして関係性は管理し得る。リスクが管理できると今日の多くの人が信じているのと全く同様に。

目次

※ 本文中、アステリスク（＊）で示した傍注は訳者による。

謝辞　本書に記したアイディア、問題点、事例について多くの方々からご教示をいただいた。司法組織とオペレーションの実務組織の間のインターフェース研究に対する「航空ナビゲーションの安全に係るヨーロッパ機構（ユーロコントロール）©2007 Eurocontrol」からの補助金のおかげで、執筆の時間を確保することができ、その一部は本書（とくに第10、11、13章）に結実した。このことについて、トニー・リクー氏が率いるブリュッセルの皆さんに感謝したい。報告書文章の転載について、ユーロコントロールから寛大な許可もいただいた。本書で論じた公正な文化についてのアイディアをまとめるにあたって助言をいただいた方々、とくに、チューリヒのトム・ラウルセン、ウィニペグのロブ・ロビンソン、シドニーのトム・ヒュー、トロントのジョン・センダース、アムステルダムのハンス・ホウトマンとバート・ルイテンベルグに感謝する。そして、私を手助けしてくださった方々、インスピレーションを与えてくださったすべての皆さんにお礼申し上げる。

プロローグ　看護師のエラーが犯罪となるとき

ここでは彼女のことをマーラと呼ぼう。

私が彼女に会ったのは三月のある金曜日だった。白衣を着ていない集中治療室（ＩＣＵ）の看護師が、どのような姿をしているのか私には予想がつかなかった。きっとどこにでもいそうな人だろう。駅のプラットホームを離れて階段を上がり、私は跨線橋の角を曲がった。そこに彼女はいた。私の聞いた話から考えれば、彼女のはずだった。年齢は四〇代後半、集中治療室で二五年間働いた看護師であり、妻であり、三人の子どもの母親である。

しかし今の彼女は刑事裁判の被告人である。そして、見捨てられた黒い羊である。彼女は病気休暇を取っており、皮肉にも看護師免許をポケットに入れていた。

私たちは視線を交わし、そして抱き合った。

私はそれ以外に何をし、何を言えばよかったのか。昨夜の電話での会話が生々しく頭によみがえった。彼女は誤薬により生後三カ月の女児を死亡させた業務上過失致死罪で二回の有罪宣告を受けている。最高裁判所での審理を前に、今は自由に出歩くことができる。

私は一歩下がって、彼女に言った。

「ひどい状況ですね。」

彼女はうなずき、目には涙をためていた。

確かに彼女がマーラだった。いずれにせよ周りにあまり人はいなかったので、間違えようがなかったのだが。

弁護士に会うため階段を降りていくとき、彼女はこう言った。

「あなたのことは講義のビデオを見て知っていました。遠いところまで来ていただいて、ありがとうございます。」

私はそう答えた。

「それが私にできるせめてものことですから。」

雪は降り積もり、スウェーデンの小さな町をすっかり覆い隠していた。弁護士事務所がある場所は、町でも有名な一等地であったため、すぐにわかった。その立派な建物は厳かな環境の中にあり、どの事務所も広々として天井は高く、まるで古い図書館のような静かな崇高さと香りを漂わせていた。その建物で働く人は古風な服を着て、古風な言葉を使っていた。彼らにとって最高裁判所へ出向くということは誇らしい仕事だった。

マーラのほうへ目をやると、彼女の存在が場違いに見えて仕方がなかった。まるで岸辺に打ち上げられた魚が、生き残るための最後の試みをしなければならない状況の中であえいでいるようだった。

マーラのように人生の多くを看護に費やした平凡で勤勉な看護師が、最高裁判所に出廷する前の打ち合わせに法律事務所を訪問することになるなど、どうすれば想像できただろう。彼女にしてみれば、それは非現実的なことであったに違いない。そして、実際そんな様子に見えた。

また、私は自分がいかに世間知らずであるかもわかった。法律事務所で最高裁判所での弁護のために打ち合わせすべき内容は特にないのだ。すべてが「形式」だからである。マーラも次第にそのことに気づき始めた。彼女は、「私は真実を明らかにしたいだけなのです」とたどたどしく言葉を繰り返した。「それはできません」と弁護士は何度も返答した。

「最高裁判所で求められているのは真実ではありません。求められているのは司法手続きと法的解釈であり、その手続きが正当であることと法的解釈が正しく行われ適用されるかどうかです。そして、私たちが望むのはあなたを訴訟の危機から救うことです。私たちが最高裁で示さなければならないのは裁判の道筋であり、それが最も重要です。真実は二の次です。」

「それでは今回の事件に関わった他の人たちはどうなるのですか？」

マーラは悲痛な声で尋ねた。

「事件の後、処方箋は行方不明になりました。担当の小児科医や投薬した看護師、きちんと診断をしなかった医師たち、病院業務のだらしないやり方。そういう問題はいったいどうなるのですか？真実にはそういうこと全部が含まれているのです。」

弁護士の表情は凍りついた。

「彼らはこの裁判の被告人ではありません。この事件はあなたに関するものです。あなただけが関係者です。もし私たちが彼らのことを裁判所で持ち出したなら、すぐさま私は尋ねられるでしょう。『それらの被告人関係者はどこにいるのか？　今回の訴訟は看護師に関するものであり、彼らは関係ない』と。だから、彼らのことを持ち出してはいけません。決して持ち出さないでください。お願いします。」

マーラはやりきれないようだった。もし裁判が真実に関心を示さないのであれば、裁判をする意味はどこにあるのだろうか？　マーラが被告になる原因となった出来事に、何が関係しているかいないかを、部外者が独断的に決定して裁判を方向づけようとしている。さらに、マーラが助かるためには事件について語らないほうがよいと助言する人がいる。そんな裁判に価値はあるのだろうか？

裁判とは、真実のストーリー、実際に起きた出来事を引き出す場ではないのか？　それが正義だ。裁判とは、間違いを正し、その再発を防ぐためのものだ。それも正義だ。確かにマーラは自分が間違いをおかし、生後間もない女児が死亡したことをわかっていた。しかし、彼女が働いていた病院というシステム全体がひどく穴だらけで、再び死亡事故が起こる状態にある。彼女はそのこともわかっていた。

しかし、マーラは自分がなぜそこにいるかはっきりわかっていた。それは、彼女自身のためでも、彼女の役割や運命のためでもなく、医療の安全を求めて集まった人々のためでもなかった。

マーラは誰が弁護料を払っているかを知っていた。彼女ではなかった。この国では、最高裁判所まで持ち越される訴訟は、全訴訟の一％未満である。彼女の訴訟はその貴重な例である。それはこの訴訟が重要なものだからに違いなかった。国家や労働組合が関心を示す訴訟だった。患者の生死にかかわる医療従事者は、刑法によって裁かれるべきだろうか？　もしくは、医療懲戒委員会のような専門職対応の制度によって扱われるべきだろうか？　これらが重大な問題であることを、マーラもよくわかっていた。彼女は患者の乳児に強い薬を使ったことに気づき、乳児の死亡後、その死に対して彼女が関与した可能性があることを自発的に上司に報告した。そして、その上司は、規定に基づいて関連機関に報告を行った。しかし、誰かがその出来事を地方のマスコミにリークした。マーラにはそれが誰かはわからない。マスコミに彼女の役割が大きく取り上げられ、たまたま検察官が朝刊でその記事を読むことになった。それから不安な数カ月が経ち、その間、マーラは検察官に直接電話で話し、報告の意図を説明したにもかかわらず、告訴された。地方裁判所は彼女を業務上過失致死罪で有罪とし、上級裁判所ではさらに刑罰が重くなった。審理は最高裁判所に持ち込まれた。このような状況になるのであれば、医療に従事する人々は再び自発的にインシデントの報告をするだろうか？　これは、医療事故の報告システムの終焉の兆しではないだろうか？　患者の安全は深刻な打撃を受けようとしているのではないだろうか？

私たちは一杯のコーヒーを飲むために街に戻った。

暖かい喫茶店に入り、肩の上に積もった雪を払い、窓の近くに腰掛けた。私は首をかしげて彼女を見た。途方に暮れてため息が出た。彼女は法律を試す道具にされたように感じているに違いない。もし国や医療システムが裁判において勝利を得たとしても、もし彼らが医療過誤を扱うための新しい規則を作り出すことができたとしても、それらは彼女を救うことはできないだろう。マーラという黒い羊は、国民の判断にさらされる盛大な見せものとなり、もはやただの黒い羊ではなく、裁判における信条や主義に関する争いを具現化したものとなる。裁判のすべてが終わったとき、結果がどうなろうとも彼女は消耗しきっているだろう。世間の注目を集めるという目的を果たした後のマーラは、刑事司法制度に押しつぶされた残骸となるだろう。後日、誰かが彼女を思い出すとしたら、他人の不幸を喜ぶ気持ちのかすかな響きとして「私が彼女でなくてよかった、神様ありがとう」と思うときや、仲間への中途半端な同情の名残りとして「マーラはなんてかわいそうなのでしょう」と思うときだけだ。彼女の職場や同僚、労働組合、そして裁判、すなわち彼女にとっての全世界に対する幻滅が、彼女の顔に刻み込まれる。マーラの望んだ本当の話は理解されないままであり、「真実」は明らかにならないだろう。

しかし、幼い女の子が死亡したという事実の中に、「真実」はなかったのだろうか？　そこには「様々な解釈」があるだけなのだろうか?

最高裁判所にて

弁護士との打ち合わせから数週間後、私は再びマーラに会った。それは最高裁判所の華美なホールでのことであった。高い天井のある部屋には二つのテーブルが離れて置いてあり、片方には弁護側、もう片方には検察側が座っていた。テーブルの前には、どっしりとした演台と一列に並んだ椅子があった。裁判官が行列して入り、弁護側と検察側の両方に向かい合うようにそこに座った。そして、検察官が今回の事件の解釈について語り始めた。彼はいかにもスウェーデン人らしい落ち着いた物腰だった。彼は椅子に座ったまま準備された原稿を読み、聴衆の前でアドリブや芝居がかった身振りを行うことはなかった。その口調は計算され、静かで丁重なものだった。彼のやり方で審理は整然と行われていった。事実と感情を区別し、葛藤や衝突を交渉へと昇華させ、復讐を儀式へと変える手続きである。

マーラはもう片方のテーブルに座り、隣に弁護士が座った。マーラは手をひざの上に置き、うつむいていた。彼女がその席に座ったとき、冒頭陳述が始まった。検察官の柔らかい声は、マイクなしでもホールの中によく響いた。

検察官の話は、陳述というより「ストーリー」であった。

「その赤ちゃんは二月二四日に地方の病院で生まれました。」

彼は抑揚をつけながら言った。そして、子どもが生まれたときの両親の幸せを思い起こさせながら、家族の無上の喜びについて詳細を述べ、その幸せが治療の失敗によって一瞬にして壊れてしまったと語った。

　女児は平均的な体重で生まれました。しかし、出産後すぐに腕にけいれんの兆候があることが発見され、三日後にけいれんが悪化したことから、医師は抗けいれん薬（フェノバルビタールが含まれる薬剤）を投与しました。病状が安定した三月五日に退院しましたが、その後一カ月も経たないうちにけいれんが再発し、女児は救急治療室に搬送され、検査入院をすることになりました。女児の抗けいれん薬は５㎎／㎖（溶液１㎖中に薬剤５㎎）に増量され、その二日後に再び退院しました。その翌日、母親は病院に電話し、相談の結果、薬量が増やされました。５㎎／㎖の薬を一回２㎖、それを一日二回投与するというものでした。四月二二日に女児が検査のために診療を受けたときには、特に異常は見られませんでした。

そこで、検察官は間をおいた。彼は、真実に対する解釈を述べるとき、あるストーリーを作っていた。ストーリーとは強力な力を持つものである。彼は学生時代にその手法を習得したのかもしれないし、多くの経験の中で身につけたのかもしれない。そして、人というものはストーリーを好み、ストーリーを理解しようとするものである。マーラはこれまでに何百と今回の出来事のストーリーを聞いてきたに違いない。彼女はそれを心の中で幾度も繰り返しながら彼女の役割を取り出し、どうすれば失敗をおかさず裁判の被告人とならずにすんだのだろうかと自分自身を苦しめていたに違いない。

検察官による物語の第一幕が終わった。裁判官たちは検察官を静かに見ていた。裁判官たちが彼の話に魅せられていたのか、うんざりしていたのか、それはわからない。検察官の話が新しい展開を示す第二幕が始まった。ＩＣＵという病棟、新しい薬剤、そしてもちろん悪役マーラの登場である。

五月一二日、女児はけいれんの発作が再発して入院し、ＩＣＵへ運ばれました。女児の抗けいれん剤は、さらに０・５㎖増やされ、それを与えられました。しかし、けいれんは続き、女児は新たにキシロカイン*を２㎎／㎖の濃度で投与されました。その後、発作は治まり、五月一六日に退院しました。そのときキシロカインの投薬は中止され、以前の抗けいれん剤の薬剤に戻されました。しかし五月一八日、母親から再び女児が発作で苦しんでいると病院に電話がありました。今度の発作は毎回五分間続くタイプだと。その日の夕方には女児は救急車で病院へ運ばれ、小児科病棟へ入院し、発作が起きたため夜遅くにＩＣＵへと移されました。

被害者が犯罪の生じる場所へと戻り、すべてがマーラの登場のために準備された。二人の主役が一つの場所に集合したのである。

五月一九日の日曜の朝早く、マーラは病院に出勤しました。ＩＣＵにはそれほど多くの患者はおらず、静かでした。女児の状態も安定しており、小児科病棟へ移送するために準備が進められていました。マーラは薬剤室へ行き、キシロカインの調剤を行いました。

＊　原文は Xylocard となっているが、日本ではキシロカインという商品名で知られている医薬品と同じものである。成分は塩酸リドカイン。

検察官はここで一度話をやめ、二つの箱をテーブルの上に取り出した。そしてそれを持ち上げ、聴衆に見せた。

キャビネットの中には二つの箱がありました。一つは、筋肉注射用の注射器（シリンジ）に小分けされた濃度20㎎／㎖のキシロカインが入った箱でした。もう片方は、静脈注射または点滴の際に薄めて使う小瓶（バイアル）に入った濃度２００㎎／㎖のキシロカインの箱でした。女児の処方は20㎎／㎖のキシロカインでしたが、マーラは箱を読み間違えて、間違って２００㎎／㎖の箱を取り出し、それを用いて女児の点滴の準備を始めました。

裁判長はその箱を見たいと合図し、箱が手渡された。裁判官から裁判官へと箱は受け渡され、それは証拠品として取り扱われた。裁判官たちは軽い関心を持つ様子で箱を観察していたが、そこには、困惑の表情も見て取れた。

これは一体どんな証拠品だというのだろう。よくある犯罪の道具ではない。たとえば、ナイフや拳銃、詐欺に使われた契約書でもない。高度に専門化された医薬品の一部である。看護師の日常的な世界には、これとよく似た幾千種類もの箱が存在している。しかし、法廷ではこれら二つの箱は極めて場違いだった。裁判官席のひな壇で箱は回覧され、この箱が何を意味するのか何も知らない人々によって調べられた。次々と疑問が浮かんだに違いない。奇妙なギリシャ語の造語は何だろうか？　なぜこれらすべての箱は白く、緑や薄青色の文字が記載されているのか？　さっぱり理解できない容積と質量の組み合わせは何だろう。

検察官は話を続けた。物語の第三幕はそれほど長くはなく、すぐさまクライマックスを迎えた。

その日の午後、小児科病棟に戻った女児は新しいキシロカインの点滴を受けました。それはマーラが準備したものです。その後、女児は回復するのではなく、けいれんが急激に悪化しました。小児科医が呼ばれ、治療しようとしましたが、その後間もなく女児は死亡しました。死後の検査の結果、女児の死因はリドカイン中毒であることがわかりました。

検察官のこの物語は、理解しやすく、もっともらしいものである。話の展開がわかりやすく、必要な登場人物（英雄、被害者、第三者、悪人）が登場する物語は、人々が求める「真実」を提供してくれる。彼の物語はまさにそうであった。そこでは、普通の病院、普通の無垢な幼い患者、そして普通の小児科医が描かれ、彼らは突然、不幸で不必要な事態に直面した。それは五月の日曜の朝、マーラによる重大な薬剤取り違えの結末であった。この物語は完璧で、かつ、極めて論理的であった。

計算ミス

しかし、この物語は真実なのだろうか。マーラが裁判所で公表したいと願い、できなかった別の真実について考えてほしい。五月一九日の朝、彼女は病院で出勤記録をつけた後、ＩＣＵの夜勤看護師から簡単な指示を受けた。そのときの処方箋は読みづらく、それを書いた医師のサインもなかった。その病院では、電子処方箋システムを使用していたが、医師が印刷機に接続されていない端末を使用したため、その医師は別の端末機に移動して処方箋を印刷する手間を惜しみ、手書きで処方箋を書いた。夜勤の看護師は、夜の早い時間帯に他の医師の力を借りて処方箋の内容を推測し、キシロカインを調剤していた。そして翌朝、医師は病院のどこかで仮眠をとっていたが、看護師たちは彼を起こすことはしなかった。そして、夜勤の看護師は、サインのない処方箋と調剤記録をマーラに見せた。

「40㎖＋キシロカイン２００㎎＝10㎖＝４㎎／㎖、合計50㎖」

「10㎖のキシロカインと覚えておいて」と医師は夜勤の看護師に言い、その言葉がマーラに伝えられた。実際に、乳児が点滴で投与されていたのは、キシロカイン濃度20㎎／㎖の溶液が５㎖入っているシリンジを二つ用いて、２００㎎／10㎖のキシロカイン溶液を作り、それに40㎖のブドウ糖を混ぜたものだった。それは、合計50㎖の溶液に２００㎎のキシロカインが含まれるものになるはずだった。しかし、ＩＣＵでは点滴のためにシリンジは使用していなかった。シリンジは薬剤の濃度が低いため、筋肉注射のときだけ使用され、代わりに薬剤の濃度が高いバイアルが点滴用に使用されていた。一方、小児科では子どもの小さな身体を扱うため、バイアルのように濃度の高い薬剤は使用されず、点滴のときにも、シリンジに入った薬剤が用いられていた。しかし、ＩＣＵでは小さな子どもを扱うことはほとんどなかった。そのため、点滴のときにシリンジを使う習慣はなく、バイアルを使っていた。

その日、夜勤の看護師が帰った後、マーラは女児の点滴がなくなりかけていることに気づき、新しいものを準備することにした。その子どもは小児科病棟に移るはずだったが、まだ移送されずにＩＣＵにいた。マーラは医師が指示した「10㎖」を思い出し、そして調剤記録の「２００㎎」を読み取った（処方箋が不明瞭だったため）。そして彼女は二つの箱を取り出した。その箱には、それぞれ２００㎎／㎖のキシロカイン溶液５㎖のバイアルが入っていた。調剤記録が指示していた「10㎖」と「２００㎎」の数字に一致したものである。マーラは薬剤を準備して記録にこう書いた。

「キシロカイン２００㎎／㎖＝10㎖＝４㎎／㎖」

マーラは彼女の計算を別の看護師に見せ、その女児の受け取りに来ていた看護師にも見せた。小児科のスタッフは質問をしたが、それは一回分が４㎎／㎖であることに注目したもので、どうやってその数字が計算されたかの質問ではなかった。五日前にその女児が小児科にいたとき、女児は４㎎／㎖ではなく、２㎎／㎖の投与を受けていたからである。ＩＣＵは今回４㎎／㎖が一回分として処方されていることを小児科に確認した。そして女児は、溶液１㎖に４㎎のキシロカインを含むと想定された50㎖の溶剤を点滴された。

しかし、本当にそうだったのだろうか？

その夜、マーラは家に帰り、ベッドに身を投げた。一番年下の子どもが数回起きて、マーラはその世話をした。暗い寝室の中で、マーラは一日の出来事を思い起こした。彼女は、まだ女児に何が起こるか知らなかった。女児に不幸な出来事が起こる前に、彼女は仕事を終えて帰宅したからである。しかし、マーラは何かが気になっていた。いつも慎重な夜勤の看護師は、なぜ見づらい字で書かれたサインもない処方箋を受け取ったのだろうか？　彼女は薬を作るときにわざわざ医師を呼んで助けを求めた。彼女の調剤記録はどうなのだろう。それは「キシロカイン２００mg」と読めたが、あれはどういう意味だったのだろうか？　「キシロカイン２００mg」それ自体には意味はない。一体、何に対して２００mgだったのだろうか？　いったい……？

マーラははっとして身を起こした。

マーラはシリンジではなくバイアルを使ったが、それは正しかったのだろうか？　シリンジもバイアルもそれぞれ容量は５mℓだった。どちらを二つ使っても医師の指示した10mℓになる。それぞれの薬剤の入った箱は、隣り合ってキャビネットに入っていた。アルファベットの順番にきちんと並んでいた。しかし、バイアルを二つ使った10mℓが示す意味は……。

マーラは暗闇を見つめながら、頭の中で計算をした。濃度２００mg／mℓのキシロカイン５mℓを２バイアル使えば、合計で２０００mgのキシロカインになる。[*] それは40mg／mℓであって４mg／mℓではない！[**] 小さな子どもには多すぎる分量だ。あまりにも多い。これでは、夜勤看護師の調剤記録とつじつまが合わない。２００mg／mℓの薬剤を使えば４mg／mℓにはならない。一桁違いの一〇倍の濃度、40mg／mℓになる。

なぜ誰も気がつかなかったのだろう？　ダブルチェックはしてもらった。小児科のスタッフにもチェックしてもらった。何が起こったのだろうか？　マーラは、次の仕事のときにこのことを確かめようとした。

マーラは次の出勤のとき、女児の様子を尋ねた。

「あの子は亡くなったよ。」

それが答えだった。マーラの心臓は止まりそうになった。そして、彼女は何が間違っていたのか、女児の死に自分がかかわっているかどうかを明らかにすることを決めた。マーラは、処方箋を綴じたバインダーの所へ行き、土曜の夜の箇所をめくった。あの処方箋はどこにあるのだろう？　読みづらい字で書かれたサインのない処方箋、それはマーラに仕事を引き継いだ夜勤の看護師が「キシロカイン２００mg」と読んだ処方箋である。そして、マーラを失敗へと導いた処方箋である。

しかし、処方箋はそこにはなかった。忽然と姿を消し、その処方箋は二度と現れなかった。

それから数年後、最高裁判所での審理の数週間前のあの日、マーラはその失われた処方箋を探して

＊　２００×５×２＝２０００。
＊＊　５mℓ×２＋ブドウ糖溶液40mℓ＝50mℓ、２０００mg÷50mℓ＝40mg／mℓ。

ほしいと弁護士に懇願した。しかし、弁護士はそのことについて全く譲歩しなかった。

「存在しない処方箋をどうやって持ち出すのですか？」

「でも」とマーラは反論した。

「私たち看護師は処方箋なしで薬剤を準備することは許されていません。処方箋がなければならないのです。私が調剤したときにもありました。誰かがそれを持ち出したのです。」

弁護士はため息をつき、そして沈黙した。その後しばらくしてこう言った。

「いいですか、今回は新しい証拠を持ち出すときではありません。もしその処方箋が事件のときにあったとしても、今存在しないものを証拠として提出することはできないのです。当たり前でしょう？」

そのとき、マーラの世界は一変したに違いない。マーラは、カフカ的不条理の世界にからめとられ、その世界は現実世界に似たものすべてを消し去ってしまった。彼女の心はその世界の中で、何か確かなもの、何か理解できるもの、そして何か分別のあるものを探していたに違いない。しかし、マーラは、確実につかめるものを見つけることはできず、その世界には命綱も、助けもなかった。そして「真実」もそこにはなかった。

私が間違えました

事件のときにあったもの、つまり証拠として示されたのは、マーラの調剤記録だった。その記録によれば、10㎖の溶液は２００㎎／㎖のキシロカインを含んでおり、（40㎖のブドウ糖溶液で薄めれば）合計で４㎎／㎖のキシロカインが50㎖の薬剤の中に含まれるはずであった。しかし、そうではなかった。マーラの作った薬剤は、その一〇倍量のキシロカインを含んでいた。彼女は自らの計算間違いを記録しており、それは誰の目にも明らかだった。

マーラは女児の死を知った後、病院の事故報告手続きに従って、以下のように上司への報告を行った。

午前一〇時四五分頃、私はキシロカインを調合しようとして、処方箋を見ました。そこには、キシロカイン20㎎／㎖と記載されていました。私はバイアルと薬剤の箱を見て、処方箋に20㎎／㎖と記載してあったことを思い出しました。私は何を準備すべきか処方箋に書いてあるものを見ました。そして、５％のグルコース40㎖と混ぜ合わせるため、20㎎／㎖の薬を取り出しました。私は別の看護師にダブルチェックを依頼しましたが、使用したバイアルは見せませんでした。子どもの移送のために来ていた小児科のスタッフは、私が準備した薬剤を持っていきました。そして、それは小児科病棟で子どもの点滴に使用されました。子どもが一一時七分にＩＣＵを離れたときには、点滴中の薬剤袋に３㎖残っていました。それは五月一八日から一九日にかけての夜に使用されたものです。

次の夜、私は目が覚めて、普通のバイアルは１０００㎎／５㎖（２００㎎／㎖）の濃度であることに突然気づきました。そして、私はそれを20mg／mℓの溶液だと思っていたことにも。次の水曜日に出勤したとき、私はその子どもが死亡したことを聞き、死亡の理由は薬剤を作った私の間違いによるものだと理解しました。20mg／mℓのバイアルなどないのですから。[1]

失敗の物語はとても単純なものだ。「私が間違えました」とマーラは記録した。病院に勤める他の多くの人々にとって、マーラが自発的に自分の非を認めたことは神からの授かりもののようにありがたいことだったに違いない。彼らは決して自分の非を認めたりはしない。後の裁判を見れば彼らが正しかったことがわかる。マーラは繰り返し被告席に立つ羽目になるが、他には誰もそんな目には遭っていない。

しかし、今回の出来事に他に誰も関与していなかったわけではない。

別の看護師の観点から、今回の出来事の別のストーリーを見てみよう。マーラの準備した点滴が女児に使用された後、女児の発作が増加し始めたとき、看護師は当直の医師を呼んだ。

彼は電話で指示をした。

「点滴の量を増やしなさい。」

看護師はその指示に従い、症状はさらに悪化した。

看護師は再び医師に電話した。そのときも医師は指示をした。

「薬の量を増やしなさい。直接、注射しなさい。」

しかし、その処置は何ら効果を示さなかった。実際、女児の容態は急速に悪化していった。担当の麻酔医を電話で呼んだが、応答がなかった。別の医師に内線で連絡が取れたが、誰も姿を現さなかった。数分後、担当の小児科医本人が現れた。彼はキシロカインの注射を指示したが、これも効果を示さなかった。女児は一〇〇％の酸素吸入を必要としていたが、彼女は呼吸用マスクの中に嘔吐し始め、呼吸がさらに困難になった。小児科医は、別のキシロカインの注射を指示し、この注射で女児の発作が治まると考えた。その間に女児は呼吸困難に陥った。小児科医は女児の気管から嘔吐物を吸引するために、チューブの挿管を行った。ちょうどそのとき麻酔科医が到着した。肺に空気が入るようになったが、吸引用チューブはあまりにも細く嘔吐物を取り除くことができなかった。そして、新たなキシロカインの薬剤が、女児の点滴薬に入れられた。やっと、太いチューブが見つかり女児の気管支に挿管されたが、それはあまりにも遅い対応だった。女児は循環性ショックに陥った。アドレナリン、アトロピン等の薬剤が投与され、心臓マッサージも施され、除細動器（カウンターショック）も使用されたがどれも効果がなく、女児はしばらく後に死亡した。その後の検死によって、女児の血液中のリドカイン濃度が43㎎／gに達していたことがわかったが、治療の規定量は6㎎／g以下であり、明らかにそれを超えていた。

もしマーラが２００㎎／㎖のバイアルではなく、20㎎／㎖のシリンジを用いて調剤をしていたとしても、この度重なる投薬によって、女児のリドカイン血中濃度は規定の二倍になっていたかもしれない。しかし、それも「真実」の一つであるにすぎない。では次に小児科医の観点から、この事件を見てみよう。リドカイン中毒の最初の兆候は発作だった。しかし、キシロカインが多すぎる場合も、少なすぎる場合も、同じような発作の症状が出る。そのため、医師はキシロカインの投薬を続けてしまった。医師は、過去の経験によって、自分の治療が正しいものであると思いこんでしまったのである。それは、以前女児が発作を起こしたとき、キシロカインの処方によって症状が改善されたという事実である。この治療結果から、医師は薬剤の量を前回よりも増やすという治療を選んでしまった。一方、彼は点滴用薬剤が指示したものより一〇倍の濃度で調剤されていたことを全く知らなかった。医師の診断と決定の質を、そのとき彼が持ち得なかった知識を持ち出して評価することはできない。これもまた「真実」である。

しかし、医師は実際には何を知っていたのだろう。私は、マーラが最後の裁判の前にこの問題に直面していたことを覚えている。「誰が女児のけいれん発作の原因を診断したのですか？」とマーラは尋ねた。しかし、誰も答えてはくれなかった。なぜ女児の病状が以前使用したフェノバルビタール剤よりもキシロカインによく反応するのを医師は知っていたのだろうか？　神経科医を呼ぼうと誰か思わなかったのだろうか？　彼らは、日曜の午後に小児科病棟に戻った後に、なぜ女児が突然強い症状を示したのかを自問自答しなかったのだろうか？　マーラにはわからない。彼らは、ミスの起こりやすい処方業務の手順に対して医師が果たすべき役割を自覚したことがなかったのだろうか？　静かな日曜の朝、勤務時間中に仮眠を取ったことや、ささいな理由で起こされるとひどく機嫌が悪くなることについてはどうか？　キシロカインの処方箋を印刷するために立ち上がって、三メートル歩いて別のコンピューターを使うことをせず、代わりに走り書きで処方箋を書いた点についてはどうか？　他にも、女児が点滴を受けて衰弱し、呼吸困難に陥った何回もの危機的状況に医師が現れなかったことや、毒性の強いキシロカインを何度も繰り返し投与する指示をしたことはどうなのだろうか？　これらの行為に対して、責任を自覚していなかったのだろうか？　このこともマーラにはわからない。そして、女児が死亡した後に、処方箋を持ち出したのは誰なのか？　処方箋はどこへ行ったのか？　一体誰が、小さな子どもではなく、大きな成人を治療するために設計されたＩＣＵへ小児科病棟から子どもを移そうと考えたのだろうか？　これらの「真実」は明らかにされないのだろうか？

刑法と事故死

司法システムは、人々に説明責任を課すが、人々が自分の説明を持つことは許さない。マーラは、司法の手続きや手順の人質となり、話す内容や時間を制限されていることを批判した。裁判におけるすべての段階で、彼女はこの制限と戦い、打ち破ろうとしていた。彼女は、自分の説明を聞いてほしいと懇願した。彼女は「真実」を明らかにしたいだけだった。しかし、その都度、断念せざるを得なかった。彼女の説明は今なお彼女の内側に秘められたまま、彼女自身を傷つけ、苦しめている。

司法システムは、それ自身が選択した証拠を用いて説明を形作る。そして、その説明によって独自の物語が作られる。不幸な結果を説明するためのストーリーを提供する司法システムを、社会が近年ますます頼りにしようとしていることは興味深い。人々にとって魅力的な説明には何かがあるに違いない。その魅力的な何かは、事件の際に実際にその場にいた人（たとえばマーラ）が話すことよりも、ずっとおもしろいのだろう。

もちろん、単なる言い逃れや主観的な説明、偏見による説明、本質的でない説明などは、棄却される。マーラは、自分自身の行動を理解するために苦しんでいた。たとえば、下級裁判所の一つでは、薬剤の箱の表示を読み間違えたと話した。しかしその後、彼女は箱の表示を読み間違えたのではなく、200mg／mℓの薬剤を使用すべき、と間違って信じていたことを証言した。確かに、マーラの言うことはつじつまが合う。なぜなら、調剤記録では200という数字が目立つものであり、容量は10mℓのキシロカインとなるように言われていたからである。しかし、最高裁判所はマーラが提供しようとした様々な説明の解釈として何を選んだだろうか。最高裁判所は、それをマーラが自分の容疑を晴らすための「最後のあがき」とみなした。つまり「後づけの説明」とみなし、五月の日曜日に起こった出来事の説明をしようとしたマーラを、支離滅裂な人間とみなしたのである。

法廷審理において、被告人であるICUの看護師は、どのようにして間違った容量のキシロカインで薬剤を準備したかについて複数の異なる説明を行った。それゆえに、被告人の供述は、実際の記憶を表しているとは言い難い。むしろ、被告人の説明は、後から言い訳をつけ加える試みのように思われる。それらの説明は仮説であって、被告人がなぜそうしたかについての確かな結論を提供していない。(2)

マーラが何を言っても、その説明は真実とみなされなかった。彼女に代わって、最高裁判所が喜んで「確かな結論」を提供した。それはマーラ自身のストーリーと大きくかけ離れたものだった。人々は、なぜマーラが間違ったのかについて仮説を持っていた。彼女は「読み間違えて、計算ミスをして、間違った箱を取り出した」というものである。すべてはマーラの「過失」によるものであった。マーラがしてしまったこと（それが何であったとしても）は彼女の注意不足が原因である。

「彼女がもっと注意深く調剤記録を読んで、より注意深く計算をし、ダブルチェックをしてもらっていれば、彼女のミスと、それによって起こり得る致命的な結果を予見し、防ぐことができたかもしれない。(3)」

しかし、彼女はそうしなかった。彼女はそれを怠ったのである。このように司法システムは出来事の原因と犯人が登場するストーリーを提供してくれる。それはマーラの説明には欠けていたものである。ゆえに人々は、マーラの話ではなく、司法システムの説明を信じようとした。事故の原因は、怠慢によって生じた読み間違いや計算ミス、そして間違った箱の選択であり、悪人はマーラである。人々は、マーラという主役の声を聞く代わりに、「真実」を明らかにし、見かけ上適切な結論を提供する司法システムを正当とみなした。その傾向は最近特に多く見られる。人々は、司法システムによって真実の説明がなされ、何が本当に起こったかの説明が提供されると思うかもしれない。一方、出来事の現場にいた人（ここではマーラ）は、「自分が本当に覚えていること」を説明できるとはみなされなかった。結局、「彼女はなぜそうしたのかという確かな結論を提供することができなかった」のである。

もちろん、裁判の手続きは、当事者による証拠に基づく説明を用いている。マーラは幾度か発言を許されていた。しかし、彼女は自らの意志で発言をしてはいなかった。彼女は、話しかけられたときに答えただけである。彼女は裁判における台本化された儀式の中で発せられたばかげた質問に対して、場当たり的に回答をしたにすぎない。

「それであなたは箱の何を読んだのですか？　何か読みましたか？　バイアルから直接溶液を取り出したのですか？」

最高裁判所で検察官はこだわった。

「私は箱もバイアルも、両方見ました。」

マーラは答えた。

「何を見ましたか？」

「わかりません。私は１mℓにつき２００mgと書きました。しかしわかりません。」

「わからないのですね。」

「わかりません。」

それが演技なのか本心なのかはわからないが、検察官はいらいらとした口調で言った。

「あなたはわからない。」

もしマーラがわからなければ、誰がわかるだろうか？　結局、そこにいたのは彼女である。マーラは最終的な説明を提供することができずにいた。彼女は、あの日の自分自身の心中の動きに考えを巡らせたのだが、それは、回答を拒否しているか、もしくは、回答を引き延ばしているように受け取られた。刑事裁判において被告側に立つ者がよく尋ねられる「わからないのですね」という言葉は、「あなたは本当にわからないのですね」という意味ではなく、「あなたは言いたくないのですね」という意味で受け取られた。

私は法律事務所でマーラと一緒に座っていたときのことを思い出した。彼女は、彼女が取り出すべきだと思っていた箱を（彼女はＩＣＵでいつも点滴のためにバイアルの箱を使っていた）、正しく取り出したと信じていたと説明した。決して読み間違いではなく、読み間違いというのは間違った説明だったと言った。しかし、最高裁判所ではその話は受け入れられなかった。裁判所におけるマーラの最後の説明は、何が本当に起きていたのかを正確に話そうとする当事者の誠実な説明とはみなされなかった。むしろ、その説明は責任逃れや愚かなたわごとと理解された。

不合理な結果をもたらす合理的システム

真実を提供してくれるはずの司法システムについて考えてみよう。アメリカの最高裁判所は、一九六六年に端的にこう述べている。「裁判の基本的な目的は真実を決定することである」[4]。失敗を説明する目的で司法システムを利用することは、啓蒙運動の特筆すべき一例である。人々は、教会のような因習的な権威よりも合理的なやり方を用いることで、真実の説明や適切なモラルの規則にたどり着こうとしてきた。つまり、自分たちを理性的で客観的な方向に導き、それによって、現実性や道徳性に近づこうとしたのである。しかし、ドイツの社会学者マックス・ウェーバーが一世紀も以前に警告したように、過度な合理主義は、対極の効果をもたらすことになる。合理的な制度はしばしば不合理な結果をもたらす。それは極めて自然にかつ必然的に生じる。医療システムの内外で、マーラの判決を心配する人々が多く存在した。看護師本人が、規則を遵守して正直に失敗を報告し、それによって再発を防止しようとしたのに、自発的に報告した失敗によって業務上過失致死罪に問われるのであれば、この報告は全く意味がない。これは不合理である。医療は多くの人々の貢献によって成立している。その医療システムの「不連続なプロセス」の不具合から生じた意図しない不幸な結果の責任を、マーラ一人に負わせることは道理に合わない。そして、今回のようなことは初めてのことでもないし、唯一の出来事でもない。これだけがひどい話ではないのである。マーラが初めて告訴された同じ年に、三〇〇以上の深刻な投薬エラーが当局に報告されていた。投薬による被害は「ありふれた事例」なのである。それは日常茶飯事であり、医療につきものとさえ言える。医療システムの構造の一部であり、薬剤の量、重さ、回数の様々な組み合わせを様々な方法で組み合わせ、投薬する作業の一部となっている。しかもその作業は不連続なプロセスなのである。なぜなら、医療プロセスでは、連絡媒体の変更（口頭か、手書きか）、シフト交代時のスタッフ間の引き継ぎ、病棟間の患者の受け渡し、主治医の交代、その他の作業フロー上での中断などが存在するからである。また、患者、処方箋、指示、薬剤、そして医療スタッフは、病院のすべての部署を行き来し、それとともに責任が移動する。病院では日常的な業務として、それらが階層的かつ横断的に往来しているのである。

マーラの事件を、医療行為のシステム的な特徴の一部と位置づけることは、容易で、かつ合理的なことと思われる。にもかかわらず、合理的な司法システムが不合理な結論を導くのはなぜだろう。司法システムが提供するヒューマンエラーの説明はとても奇妙なものである。それは「合理性」の使い方に問題があるからだろう。例えば、司法システムでは、証拠の調査や検討を論理的に行い、裁判で行われるスピーチの台本や表現の仕方を綿密に準備する。また、事件に何が「関連しているか」を法律の専門家が判断して決める。司法の概念としては「事故（アクシデント＝偶発的事象）」が存在しないため、必然的に「事故」の概念は裁判から除外されてしまうのだ。

もしあなたが裁判を身近に経験すれば、きっと憂慮すべき現実が理解できるだろう。裁判の形式化が審理の内容を支配していることを実感すれば。そもそもなぜ裁判を行わなければいけないのかという被害者の疑いに耳を傾ければ。被告席に立ち非難される苦痛と、説明するときに内容や表現を制限される苦しみを味わえば。被告席からの世界を経験し、そのことによって集められる世間の容赦のない目を経験すれば。下からの視点に立てば、裁判には強い無力感が伴うものである。裁判における説明は、医療の専門でない人によって、一連の作業プロセスからこまごましたことを取り上げることによって作られる。議論されている出来事が起きたときその場にいた人や被告席に座る人（及びその同僚の多く）にとっては、司法システムが作り出す説明は、奇妙で不合理でばかげたものだ。そして大いに不公平なものだろう。

くじ運の悪さ

下級裁判所とは違って、最高裁判所は最後に真実を明らかにしてくれるものとマーラは期待していた。しかし、現実はそうでなく彼女の有罪判決が決まった。マーラの主張は通らず、犯罪者とされてしまった。

有罪判決を告げられた数カ月後、とある八月の雨の日の午後、彼女はリビングルームで薄明かりの中に座っていた。彼女の心理的な打撃は、最高裁判所が下級審よりも重い刑を伴う有罪判決を下したためだけから生じたのではないと、私は感じ始めていた。それは彼女の苦痛のごく一部かもしれない。今、まだ彼女の看護師免許は有効で、裁判は執行猶予つきの判決となり、彼女の生活に実質的な変化は生じなかった（彼女はＩＣＵで働くことはできないが、彼女もそれを望まなかった）。真実へと進むはずの司法の手続きが、客観的で正確な世界の描写を目指すものではなかったことを知って、あきらめと幻滅、失望感が彼女を打ちのめしたのだ。マーラは、赤ちゃんの死の背後にある真実を私たちが学ぶことを望んでいた。しかし、見つけるべき、到達すべき、掘り出すべき真実などなかった。最終的な説明も結びの言葉もなかった。代わりに存在したのは、「様々な解釈」、主導権争い、メディアのから騒ぎ、大衆の注目、法制度の現状維持だった。マーラの説明は何度も何度も貧乏くじを引き、とうとう最後まではずれくじだったのだ。

第1章　なぜ公正な文化が必要なのか？

公正な文化を構築するのはなんと難しいことなのだろうか。

最近、二人の航空管制官と話をする機会があった。そこでの話題は、航空管制部で起こったあるインシデントについてだった。そのとき何が起こったのか、そこに誰が関与していたのか、どんな対策が必要なのか、などについて話を聞いていた。

その途中、「おい、オメルタだからな！」と一人の管制官が言った。

もう一人はうなずき、苦笑いをした。

「オメルタ」だって？　いったい何のことだろうと私は思ったのだが、ここでは何も口を挟まなかった。確か、これは、マフィアが使う言葉のはず。航空交通管制官たちが使う専門用語ではないはずだった。

もちろん、別の業界の専門用語でもない。

「オメルタ」とは、「沈黙の掟」である。この言葉で、人は口を閉ざす。当局に協力することを禁止することも意味する。二人の管制官たちは、このインシデントについてそれ以上語ろうとしなかった。

他の誰か、あるいは当局の人間にも話すことはなかった。現場の上司や管理者、事故調査員、規制当局者に、自ら進んで協力しようともしなかった。

私は仕事柄、各種の専門家グループ（消防士、パイロット、看護師、医師、警察官、原子力発電所のオペレーター、調査官、航空管制官）とのつき合いが深い。その中で見えてくるのは、「沈黙の掟」が様々な方法で強要され、再生産されているということである。一流の航空会社で長距離路線を操縦するあるベテラン機長は、私にこう話した。

「自分の目の前で起こったインシデントについて、軽々と自分から情報を提供するなんてことはしませんよ。」

一緒に乗務したクルーだけがそのインシデントを知っているような場合であれば、彼らは普通そのままにしておく。報告書に記載しなければ、「当局筋」に知らされることもないのである。

「なぜ知らせないんですか？」

と、私は尋ねた。

「なぜって、トラブルに巻き込まれるのが嫌だからですよ。航空会社がその情報を検察か何かに渡さないという保証はどこにもないじゃないですか。会社を信じていない、それだけの話です。まあ、私の同僚に聞いてみてごらんなさい。みんな、きっと私と同じことを言うはずですから。」

と彼は答えた。

そこで私は、他のパイロットたちに同じことを尋ねた。彼の言った通りだった。

ミスをおかした専門家たちには、次の二つの悪い選択肢がすぐに思い浮かぶらしい。

- ミスを報告し、そのせいで何か煩わしいことに巻き込まれる（裏切り者呼ばわりされる、叱責処分を受ける、あるいは解雇されたり起訴されたりする）。
- ミスを報告せず、他の誰も報告しないことを祈る（「おい、オメルタだからな！」）。

もし自分たちが報告をせずにいても、どこからか露見してしまったら、もっと煩わしいことに巻き込まれることになることを、私が話を聞いた専門家たちは知っていた。それでも、自分も話さないし、他の誰も話さないことを願うというのが、一番安全な策だと思うことはよくあるらしい。それは、二つの悪い選択肢のうちでも悪い程度が小さいほうなのである。

かつて、私は、大きな大学病院で開催された会合に出席し、何百人もの医療従事者を前に話をしたことがある。その会合のタイトルは「私のことが報告された」であった。会合が開かれた国のルールでは、インシデントを当局に報告するべきかどうかを決めるのは看護師もしくは医師の上司とされていた。その上で、上司が報告を行うのである。「私のことが報告された」というタイトルが暗に意味していることは、医師や看護師は決定を受け取るだけ、つまり意思決定の場面には参加しない受身的な存在だということである。あるいは、いや、おそらく、決定は彼らの手の届かないところにある権力や利益のために行われるのだろう。看護師や医師は、上司のところへ行ってミスを報告しなければならないことになっている。しかし、彼らは報告したいと思うだろうか。事故の内容を公式にどう説明するかや、その事後処理に関する決定は、ボス次第だというのに。

腐ったリンゴ？

「オメルタ」に頼る専門家たちは、腐ったリンゴなのだと言うかもしれない。彼らは、非協力的であり、職業倫理に反した人たちである。なにしろ、ほとんどの専門家には失敗や問題点を報告する義務があるのだから。報告しなければ、システムは学習することも改善することもできない。だから、報告をしない連中は安全性の向上に協力したいと思っていない輩なのである。

もちろん、これは報告を求める側にとって都合のよい説明だろう。とはいえ、多くの人はそう信じている。ミスをおかした人はそれを報告しさえすればいい、と彼らは言う。何も恐れることはない。もっと報告をしよう！　もっと報告を！　そうすれば、システムは学習し、よりよくなるだろう。そうすれば、報告した本人も恩恵を受けることになる。しかし、実際には、私が一緒に仕事をしているどの専門家も、報告が少ないとぼやいている。

現場管理や規制当局の人たちは、「皆がもっと報告してくれればなあ」と、ため息混じりに言う。医療安全の専門家は、「私たちが最も頭を悩ますのは、過少報告の問題なのです。しかも、私たちは、それがどの程度少ないのかもわかっていないのです」とこぼした。

しかし、人々が報告したがらないということに、私はさほど驚かない。失敗を開示すれば、つらい状況に追い込まれる可能性がある。組織がどんなやり方でミスに対応してくるかわからない。インシデントやアクシデントの余波で、組織には容赦なく圧力がかけられる。メディアは、どうしてこんなことが起こったのか、その原因を知りたがる。政治家も同じである。彼らはみな、組織が何をしようとしているのかを知りたがる。ミスをおかしたのは誰か？　責任を負うのは誰か？　検察も興味を示す。国内法令（特に、情報公開に関する法律）が意味することは、ミスや安全性の問題についてデータを差し出すと、あっさりと犯罪の証拠にされるということである。報告や開示にはリスクを伴うのである。

報告しないのは、少数の腐ったリンゴのせいではない。それは、関係者や関係機関の間の関係性による。彼らが信頼の基盤を作る努力をしているか、その努力を否定しているかである。おかしたミスや抱えている問題を、他者と共有したいと望む基盤には、信頼が必要である。信頼は必須である。しかし、信頼を築くのは難しく、壊すのはたやすい。

失敗への対応――組織の場合

不運な事故やその余波について、現場第一線のオペレーターや実務者といった「下から」の視点で見ることは非常に大切なことである。ただし、それだけでは十分とは言えない。「上から」の視点

――すなわち、組織の首脳部の視点も重要である。しかし、これもまた難問である。失敗にどう対応するかは、(一度経験するとわかるが)苦痛を伴う問題である。仮に、あなたがある組織を経営する立場の人間だとしたら、様々な方面の関心や利害を考えなければならない。

- 組織を最善の状態にするにはどうすればよいか？
- 関与したオペレーター個人をどうするのか？
- 国民(あなたが提供するサービスや商品の消費者)はどうなのか？
- あなたたちを監督している規制当局はどうなのか？
- 組織の経営者として、あなたの立場はどうなのか？

組織は、サービスを改善したり、効率化するために、新しい技術や業務改善に投資をする。ところが改善や効率化はいろいろな厄介事も引き起こすのである。

先日、病院の副院長から同僚に電話があった。小児癌病棟に入院していたある子どもが、化学療法薬剤の過剰投与のせいで数日前に亡くなったという。副院長は、この悲劇的事件の原因究明にあたり、治療過程で多くの問題点――混合剤処方や問題のある新しい調剤装置の使用――が、この子どもの死を招いたことを突き止めた。子どもの家族は、大きな悲しみに暮れた。子どもの治療にかかわっていた人もみな、強いショックを受けた。彼らは、いつもどおり化学療法剤を調合して投与したのに、意図した通りに作用せず、突然死に至らせてしまったのである。新しい調剤装置の導入が、実質的な原因だと考えられた——準備不足のまま、使い慣れた機械が新しい装置に変わって、いわばこれが初めての使用だったのだ。

副院長は、かかわった人を罰すべきだとは思っていないと言った。しかし、最高経営責任者、マーケティング業務統括責任者、人材開発ディレクターは、混合剤の処方にかかわった二人の薬剤師と投薬を行った看護師を解雇するように迫った。公正な文化を病院の目標として掲げ、公表していたにもかかわらずである。点滴バッグの中身が、ラベルに書かれた薬剤でなかったことなど、看護師は知る由がなかったのに。実は、免職の話は、たまたま法律家でもあった倫理顧問から出されたことだった。彼は、子どもの死を「倫理的義務」の不履行と断定した。すなわち、この三人には明らかな過失があるとみなしたのである。

おかした失敗にどう対応するかは、根本的には倫理的問題である。しかし、一人の人間が倫理監査者と法律家の機能を兼ねるのは賢明なことだろうか？　実際のところ、このような組み合わせが存在すること自体、公正な文化を構築する際に混乱があり困難が大きいことの反映だろう。

・法律上の規準に適合していれば「公正」なのか？　（この場合には法律顧問に相談する必要がある）

・あるいは、様々な観点や利害、義務、そして代替案を考慮に入れて問題の評価を行うことが「公正」なのか？（この場合には倫理顧問に相談する必要がある）

法制度とかかわること

失敗への対応という混乱した難局での最終ステップは裁判である。ひとたびこのステップに足を踏み入れると（あるいは、ひとたび法制度が介入を始めると）、「公正」を獲得しようと準備していたことが無駄に終わる。実際、私が間近で見てきたケースはどれも、失敗の後で出された判決は、決して「公正」とは言えなかった。安全性を改善するものでもなかった。

・被害者は、概して処罰が軽すぎると感じるもので、そもそも裁判を行う意味があるのかと感じ始めることも多い。
・公判中、実務者や専門家は、不運な事故に対する法律上・道徳上の重荷を不当に負わされるスケープゴートとして選ばれたと間違いなく感じる。
・審理は、当該事件の内容に関することではなく、門外漢にはわかりにくい法的手順と手続きに関することのほうが多い（内容に関する審理になると、実務上のあらゆる機微やニュアンスが無視される）。
・組織は、メディアの注目を不当に浴びたと感じる。そんな注目は受けないほうがよいに決まっている。

・仮に、その実務者が窮地を脱したとしても、他の誰かが必ず敗者になる。

つまり、裁判によって、失敗の後に公正が達成されることは難しいということである。まだある。専門家がミスで裁判にかけられると、ほぼ必ずと言ってよいほど、安全性は犠牲になるのである。組織や専門家の人たちは、安全性の改善に投資するよりもむしろ、彼らが検察の注意を引かないよう努力する。法的措置は、安全に関する情報の流れを促すどころか、その流れを奪っている。法廷では、安全報告が思いがけない攻撃材料になることがしばしばあるからである。

二〇〇六年、一六歳の少女が出産中に投薬ミスで死亡したことについて、ジュリーというウィスコンシン州出身の看護師が、「患者に重大な身体的危害を与えた過失」のかどで刑事責任を問われた。ジュリーは、ペニシリンを静脈注射すべきところ、間違って硬膜外鎮痛用の注入バッグに薬を入れてしまったのである。ジュリーは、看護師資格にかかわる行為に抵触するとして、六年の懲役及び罰金二万五〇〇〇ドルを科された。この裁判は、一九九八年に、三人の看護師たちが、バンザチンペニシリンを新生児の静脈に注射し、死に至らせてしまったデンバーの事故事例と似ている。この看護師たちは業務上過失致死罪に問われ、懲役五年が求刑された。一人は罪を認めるのと引き換えに減刑され、もう一人は法廷で争って最終的には無罪を勝ち取った。

他にも、医療従事者やその他の専門家たちが刑事責任を問われ、裁判を受けることになった同様の事例があり、インシデントの報告率は低下した。きっと、誰かが「責任」を問われたのだろう。しかし、システムはなんら改善されることがなかった。むしろ、以前より悪くなったと言える。結局のところ、失敗に対するこのような対応は、誰の利益にもならないように思われる。そして、法的措置に反応して何かが変わったとしても、それは必ずしも業務や組織をより安全な方向に向かわせるものではない。

二〇〇二年、ソーシャルワーカー（ここでは児童相談所の相談員）たちは、一歳の女の子に児童虐待と栄養失調の形跡があったので、家から連れ出し、緊急治療を受けさせた。その女の子は、数カ月後、回復して家に戻った。その地方の児童保護審議会にはその決定が報告されず、記録がないため、女の子を帰宅させるに足るだけの条件をその家族が満たしていたかどうかはわからない。あるソーシャルワーカーは、三度家を訪問したが報告すべきことは特に見つけられず、その後、病気休暇を取った。それは彼女が異動する数カ月前のことであった。新しいソーシャルワーカーは、その家族のことをもっと詳しく知ろうとし始めた。彼女は、その母親のために計画を立て、母子が行うべき規則的な日課を与えたが、母親は日課をこなすことができなかった。しかし、このことは、当局がその少女の顔色が悪く、彼女の言語発達が遅れていることに気づいたときでさえも重要視されず、彼女とその母親を再び引き離すことはなかった。数カ月後、少女の死体が発見された――母親が少女の口の中にぼろ切れを詰め込んだのである。女児は三歳だったが、体重は9kgもなかった(1)。

この事件を担当した検察官は母親ではなく、ソーシャルワーカーを二級殺人罪の容疑で追及した。明らかに虐待の兆候があったのにそれを無視し、介入もしなかったのは過失であると。例によって、一個の「腐ったリンゴ」を告発することは、組織的問題を覆い隠すのに役立った。その問題とは、たとえば、社会的サービスのための予算の切り詰め、ワーカー一人当たりの取り扱い件数や時間的圧力、類似の事例でも介入しないケースが増大していた事実などである。検察は、専門的な判断の難しさを無視して、後知恵で白黒を決める。児童相談所が介入するタイミングが「適切」なことはあり得ない――いつも時期尚早か手遅れなのである。虐待が起きる前に養護施設に入れると早すぎると言われ(この場合、子どもを保護する十分な証拠がないため、決定がくつがえされて介入が遅れる可能性もある)、子どもがすでに傷つけられているという十分な証拠が集められた後では遅すぎると言われる。ソーシャルワーカーを業務上過失致死罪で起訴したところで、この専門家のジレンマを解消する対策にはならない。後になってから考えてみればわかるのだが、刑事告発は、複雑な社会問題から目をそらさせる結果になる。刑事罰を恐れるソーシャルワーカーは養護施設にどんどん子どもを収容し、担当するケースが膨れあがり、里親の需要を増大させるだろう(それによって里親になる資格基準が甘くなる)。その結果、児童福祉の仕事はますます官僚主義的なものとなり、無駄な事務作業や書類作成が増えて必要なサービスの提供が滞り、ケアの質は次第に悪化していくだろう。

裁判の手続きは、組織の優先事項やポリシーなどおかまいなしである。その諸手続きに対応するため、組織は負託された本来業務にも安全性にも関係しないプロジェクトや組織防衛に、資源をシフトさせてしまう可能性がある。前述の例の中で改善されるかもしれないのは、官僚主義の諸側面だろう。組織の行為と決定に関して、詳しい監査可能な書類が残っていなければ、この組織が告発者に「捕らえられる」ことはないだろうから。もう一つ起こり得ることは、組織がその介入基準を下方修正することである。つまり、介入が遅すぎて（というのは結果論でしかないが）逮捕されるより、虐待の証拠が少なくても親子を引き離す措置を取ることを選ぶだろう。このようなジレンマは、社会福祉以外の分野でも、様々なレベルで起こり得る。

失敗が「不公正」な対応（先にあげた事例で言えば、児童相談所のソーシャルワーカーの告訴）を受けた後に起きる変化は、たいていの場合、組織をより安全にすることにはならない。本来業務の周辺にある諸々の事柄、例えば、規定の整備、組織の法務部門の関与、文書管理など、ミクロレベルのマネジメントの「改善」につながるだけである。皮肉にも、こうした方策の多くは、本来業務の第一線で働く人たちの仕事をかえってやりにくくし、質を下げ、煩雑にし、そしておそらくはより不安全になるだろう。

公正な文化――安全と説明責任とのバランス

説明責任を求めることは重要である。そして、その要求に対して適切に応じることもまた重要である。説明責任を要求することは、本質的に、信頼に関係している。国民、規制当局、社会、従業員を信頼すれば、組織は問題を真剣に考えることができる。そして、その問題に何らかの対処をして、その説明すべき問題に責任を持つ担当者を立てることができる。説明責任は、人間関係の基盤である。私たちは誰もが、誰に対しても、取った行動の理由を尋ねることができる。私たちの行為について説明できることは、適正で、オープンで、機能している社会であることの基本である。

仮にも、説明責任を要求することが誰かに（刑事的な）責任を負わせるのと同じことだと考えてはならない。

私が一度暮らしたことのある国で、安全と危険が紙一重のある産業が、どれほどマスコミによる激しい取材を受けたか、今もまだ記憶に残っている。選挙で新しく選ばれたばかりの政府は、この産業が安全であることを条件に稼働させると国民に誓った。その後、オペレーターが業務中に飲酒していたとか、安全文化が腐っているとか、経営層と従業員との間がうまくいっていない、といった記事が外部に漏れ始めた。規制当局には、何か手を打つようにと異例の圧力がかかった。規制当局及び政府が信頼に足る存在だということを示さなければならなくなった。

そこで、規制当局は、知り得た情報を検察に送った。メディアはそれをたいそう喜んだ。どうやら、何か起こっているらしい！　安全最優先の技術を任されてその任務に当たっているはずなのに、何かしでかしてしまったらしい。さあ、最終的に、誰が責任を取るのだろうか、と。

規制当局は、メディアが注目しなくなるのを待った。そうすれば一息つけるだろう。しかし、それは甘い考えだった。規制当局とその産業との関係は、取り返しのつかないところまで破壊されてしまったのである。規制当局は、彼らが規制しているその産業の人たちからの情報に頼っているので、正確な、あるいは正直な情報が入らなくなったら仕事にならない。現場からの情報が遮断された状態は、その先何年にもわたることになった。

加えて、少なくともメディアにとっての（そして、これにはその問題に関する世論、ひいては政府の立場でもあるのだが）安全性の改善は、その産業の経営層に存在する腐ったリンゴたちを追及するという一点に集約された。このリンゴたちが責任を取りさえすれば、安全改善などどれもさほど重要なことではないとか、放っておいても実現すると単純に仮定された。もちろん、そのようなことはない。自分たちには社会的または法的な責任があるのだと思い起こさせることは、いくらかは効果があるのかもしれない（長期的な効果では決してないが）。しかし、このような責任追及がもたらすネガティブな影響のほうがはるかに大きいのである。

説明責任を果たそうとするときに、罪になるかもしれないと言われれば、正義を貫いたり安全性を改善したりすることはそう簡単なことではなくなる。自分は不当に選び出されたと感じ、安全上の問題の情報を隠蔽するだろう。一方、公正な文化では、人々が以下にあげる事柄を安心して行うので、安全性も向上するのである。

- 改善すべき問題に関する情報を、その問題を改善することのできる上層部や担当部門に伝える。
- 組織が、法的防衛や責任逃れに資源を使うのでなく、安全性にかかわる改善に資源を投資することを促す。

さらに、公正な文化では、失敗への対応として、次の二つを両立するような説明を行うことを重要視している。

- 説明責任に対する要求を満足させること。
- 学習や改善に貢献すること。

哲学者であり臨床倫理学者でもあるヴァージニア・シャープは、長年、医療被害の問題について研究しており、彼女は、上記の二つの要求を満たすものを「前向きの説明責任(2)」と呼んだ。後ろ向きの説明責任は（裁判や訴訟などでしばしばそうなのだが）、スケープゴートを見つけ出し、その個人を責め立て名誉を傷つけようとする。それとは違って、前向きの説明責任は先を見越そうとする。説明責任は、ミスやそれに起因する被害を認めるだけではない。このような被害が二度と起こらないように、変化をもたらす機会（そして責任！）を示すべきなのである。このことについては、最終章で詳細に述べることにする。

今のところ、あなたの国の専門家や職能団体が、前向きの説明責任を果たすようになることなどあり得ないと思うかもしれない。人々に説明責任を課し、学習し改善することを同時に行うことは無理だと思うだろう。真の公正な文化というものが、捉えどころがないように思われるのはそのためである。そう感じているのはあなた一人ではない。この二つは両立しないように思われるものである。

- 人々が、学習や改善に貢献する話（例えば、匿名のインシデント・レポート）ができるようにしなさい。そう言うと、反対する人も出てくるだろう。ミスをおかした実務者や管理者に白状させればいいんだ！　彼らは責任を取るべきだ！　私は誰が事故を起こしたのかを知りたい！　と。
- ただし、説明責任の要求を満たすように話をしなさい。そうすると、この話の中には、学習や改善に役立つことがほとんど何も見つからないことに気づくだろう。実際、このような話を無理矢理語らせる行為（例えば、裁判を通して）が、学習を非常に困難にしているとわかるだろう。

合意形成をし、それを広めながら、説明責任の要求を満たし、かつ学習と改善に貢献するような失敗の説明をすることは、すばらしい挑戦である。それは、公正な文化の核心部分への挑戦であるし、挑戦しようとすることそれ自体が、公正な文化の構築への第一歩となるだろう。

公正な文化の強み

なぜ公正な文化を構築しなければならないかというと、それが欠けていると正義も安全も成り立たないからである。しかし、それだけではない。最近の研究(3)によれば、公正な文化が醸成されていないと、以下のような人々の心理に悪影響が及ぶと報告されている。

・モラール（仕事意欲）
・組織コミットメント*
・仕事満足感
・役割外のちょっとした余分な仕事をする意欲

確かに、公正という概念は、あらゆる社会的関係、すなわち、人と人との関係の基礎である。公正な文化には、組織がより安全になること以上の利点があると思われる。ある航空政策に関する文書には、期待を込めて次のように書かれている。

＊ 個人が組織に対して一体感を持ち、組織の活動に深く関与すること。

「公正な文化とは、適切な規制と手続きを遵守させ、安全運航に役立つ行動を促し、内部評価プログラムの開発を向上させるように策定することで機能するものである。(4)」

公正な文化には、オープンさ、法令遵守、より安全な実務の遂行、批判的な自己点検が備わるものと期待されている。こういったものがどのようにして備わっていくのかは、言うまでもなく難しい問いであるが。

安全性に焦点を当ててみよう。安全性を向上させ続けるために、失敗から学ぶことと、失敗に関する説明責任を果たすことの両方をどうやって満足させるかが本書の論点である。従業員たちが公正な文化を望む理由は、はっきりしているように思われる。彼らは、気まぐれな経営層の行為から、あるいは検察官の悪意ある(と見える)意図から保護されたいと思っているだろう。しかし、これは物事を単純化しすぎているし、政治的に偏っている。公正な文化は、長期的に見れば、皆のためになるのだ。

- **組織を運営する者や規制する者にとって、公正な文化を作りたい理由は非常に単純なものである。それがなければ、何が起こっているのかわからないからである。**もし、あなたがオペレーション*の安全性を監視したいのならば、公正な文化が必要である。もし、あなたが、あなたの職場の人たちや、あなたが監督している組織の能力を知り、その人たちの身に降りかかる問題に効果的な対応をしたいと思うのなら、公正な文化が必要である。

・組織の中で働いている人たちにとって、公正な文化を持ちたい理由は、「責任を逃れる」ことにあるのではない。個人の法的責任を制限することではなく、質の高い仕事を遂行することに専心できると感じることにある。リスクやエラーやヒヤリハットを報告することによって、安全の改善にかかわり、組織に貢献できたと感じることにある。

・組織の生産やサービスを消費する社会の人たちにとって、公正な文化は長期的な利益になる。公正な文化がなければ、組織やそこで働く人たちは、よりよい決定をすることではなく、文書をうまく作ることや、決定事項を隠したり防衛したりすることに目を向けるだろう。公正でない文化では、安全における長期的な投資よりも、法律やメディアに晒されないための短期的な対策を優先するだろう。

すべての公表を望むが、すべてを許すわけではない

公正な組織を安全な組織に、不公正な組織を不安全な組織にするものは何か？　公正な文化について書いたり考えたりする人々は、一致して次のように考えている。公正な文化が、安全の問題で逮捕される恐れを抱くことなく、安全に関する情報を積極的に開示して共有しようとする意思をもっていること。また、公正な文化のもつ開放性とは、無批判的な容認や寛大さと同じではないと考えられている。すべてが勝手にとなれば、もはや安全最優先の文化はなくなる。そして、人々はこの問題につ

＊　運航、運行、運転、操業、医療行為など、専門職が行う各種の実務を指す。

いて話すのもやめてしまうだろう。まさに次の二つの間で緊張状態が生じるものである。

- 何もかも公表してほしいと思うこと。
- 何もかもすべてを許すわけではないこと。

本書では、これら両方を取り扱う。情報開示する義務があるという場合、関連する事柄をどこまで公表するのかという問題を論じる――知覚された公正さが欠如すれば、たちまちだいなしになるという点も含めて。本書は、失敗を「何もかも」許容するわけではないという問題も論じる――「何もかも」の中には、明確な境界線があるわけではないので、許容するかしないかを誰が決めるかという問題が重要である。公正な文化によって、両者を融合することがいかに難しいか、しかし同時に挑戦しがいのあることか、という話もしたい。学習することができるようにすべてを開示することと、「公正」であるためにすべてを許容しないこととの間で起こる摩擦こそが、公正な文化を育てるのである。

第2章　失敗をとがめるべきか許すべきか？

失敗は、いつの間に「正直」[*]でなくなるのか？　本章では、「失敗」が犯罪に変わった事例を詳しく見ていこう。それは一九八九年一一月二一日の朝に起こった。その日、濃い霧の中、計器進入中のボーイング７４７型機は、ロンドンのヒースロー空港であわや墜落するところだった。このジャンボ・ジェット機は、滑走路への進入コースから外れてしまったためゴーアラウンド（着陸やり直し）をしたのだが、高度が上がり始めた地点は空港境界塀の外であり、地上からの高さはたったの七五フィート（二三メートル）しかなかった。その旅客機は隣接のホテルに接触しそうになって、駐車場に停まっていた車の盗難防止装置がいっせいに誘発され、ホテルの火災用スプリンクラーも誤作動した。二回目の進入や着陸は無事だった。そして、ほとんどの乗客は、あわや大惨事に遭うところだったなど夢にも思っていなかった。乗客たちの飛行は終わった。しかし、フライト時間一万五千時間のベテラン機長にとっては、深刻なドラマの幕開けとなったのである。二年半後、陪審員の意見は一〇対二と分かれていたものの、その機長が航空機と乗客を危険にさらした過失の罪があるとの評決を下した

＊　「正直な失敗」と「不正直な失敗」については第４章参照。

――有罪。彼は職を失い、しかもそれだけにとどまらなかった。

同じ事象に対する異なる解釈の狭間で生じる対立がどのようなものかを描写するため、ステファン・ウィルキンソン氏(1)によるストーリーを引用しながら、このインシデントを再分析しよう。これは、起訴するほどに罪あるミスだったのか？　それとも、日常業務上、普通の、よくある出来事だったのか？

私たちは、これらの疑問に関して、「客観的な」結論に達することができない。読者が個人としての解答を選ぶことならできるだろう。しかし、公正な文化にかかわる基本的な問題が浮かび上がってくる。すなわち、私たちは、説明責任の要求を満たし、かつ組織的学習の機会を最大限にするような失敗の説明をどうやって生み出せるのか、という点である。

食中毒と悪天候、そして着陸のやり直し

ウィルキンソン氏は、かの機長が遭遇したトラブルが始まった経緯を、インド洋のアフリカ沖に浮かぶ島、モーリシャスにある中華料理のレストランの場面から記述している。バーレーンを経由してロンドンに飛び立つ前、乗り継ぎのための滞在中に、彼は、同じフライトのクルー、すなわち、副操縦士と航空機関士と一緒にそこで食事をした。オーストラリアのブリスベンから始まった飛行も、バーレーンからロンドンまでの行程で最後となる予定だった。

数日後、その便がバーレーンに到着したとき、副操縦士と航空機関士は胃腸炎に苦しめられたが、

機長はなんともなかった。モーリシャスの医師は、航空機関士の妻に精神安定剤と痛み止めを与えていた。彼女もまた旅行中で、クルーと一緒に食事を取っていたのである。医師は、航空機関士に対して、もし症状があまりにもひどくなったら妻に渡した薬を服用するようにと伝えた。クルーは、どの医師からでもアドバイスや処方薬を受け取ってよいわけではない。しかし、この男性医師は、航空会社承認の内科医であると伝えられていたし、当地で必要が生じたらクルーはこの医師の検診を受けるようにとのお墨つきがある人物だった。まもなく、彼は航空会社の嘱託医のリストに加えられることになっているようだった。しかし、このクルーが数日のうちにまた飛行する予定が組まれていることを彼は気にかけなかった。同僚のパイロットの一人は、後にこう話した。

> この医師は、与圧された航空機内で服薬することが、複雑な作業の遂行にとっていかに危険かを理解していなかったことは明らかで、まさに、そこにはクルーに無理してでも仕事をさせるという万事の縮図があるのです。その医師の関心事は、クルーをフライトに送り出すことにあります。この医師が航空会社から仕事をもらいたいと思っているのなら、クルーを乗務停止にしたりはしませんよ。会社は飛ぶことを望んでいるのですから。(2)

しかしながら、数年後の裁判では、機長が会社の医療手続きに違反したことも罪状の一つとされたのだった。

ロンドンまでのその後のフライトは、ぞっとするものだった。予想以上の向かい風が747型機の燃料を枯渇させていった。副操縦士は、自分の症状を抑えようと、航空機関士の妻から薬を受け取って服用し、その後の数時間、コックピットを離れなければならなかった。

暗闇の中の五時間の飛行中、機長は一人で操縦を続けた。

霧のロンドン

フランクフルト上空で、クルーは、ロンドンのヒースロー空港の天気が悪いとの連絡を受けた。霧が厚く立ち込めている場合、彼らは、いわゆるカテゴリーⅢの計器進入を行わなければならない。カテゴリーⅢの条件下では、747型機は目隠しして着陸するようなものとなる。* 車輪が雲の下に出て着地する瞬間も、高い位置にあるコックピットはまだ雲の中という状態である。カテゴリーⅢの進入とは、計器や自動操縦装置の働きをクルーが監視しながら、自動操縦装置によって進入していくことである。自動操縦装置は、二つの誘導電波（滑走路からの横方向のずれを誘導するローカライザーと、降下角を誘導するためのグライドスロープ）を捉える。これらの電波は、地上の計器着陸システムから発信され、機上の自動操縦装置が機体制御コマンドに変換して、正確に滑走路に向かって機体を降下させ着陸させる。少なくとも、これが理想である。

その機長は、計器飛行の経験は豊富にあったが、ほとんどの旅客機パイロットがそうであるように、カテゴリーⅢ進入で限界高度まで下げた経験はなかった。副操縦士もこの航空会社に入ったばかりで、経験はなかった。彼は、カテゴリーⅢ進入を実行するために必要な訓練も受けていなかったので、操縦することを許されていなかった。しかし、それでどうこうなるわけではなかった。まだドイツ上空を飛んでいるとき、機長は航空会社と連絡をとり、ロンドンで副操縦士がこのアプローチの補佐を行ってもよいか許可を求めた。そして会社は、免許条件適用免除の許可をした。それは日常的によくあることである。しかし、機長は、この副操縦士の体調が万全でないことについてはあえてふれなかった（この時点では、彼はコックピットにいなかった可能性がある）。地上スタッフから尋ねられることもなかった。

後に、この副操縦士は、免許条件適用免除を実施することを望んでいたかどうか、誰からも聞かれなかったと証言した。しかし、このとき、仮に尋ねられていたとしても、彼がそれを拒否するのは難しかっただろう。

＊ ＩＬＳ（計器着陸装置）や自動操縦装置を用いた着陸方法には次のようなカテゴリーがある。

① カテゴリーⅠ：デシジョン・ハイト（パイロットが着陸するか否かを決定する高度）二〇〇フィート、滑走路視程二六〇〇フィート以上ある場合に手動操縦で接地する着陸。

② カテゴリーⅡ：デシジョン・ハイト一〇〇フィート、滑走路視程一二〇〇フィート以上の（つまりカテゴリーⅠより視界が悪い）場合に、通常は自動操縦で接地する着陸。

③ カテゴリーⅢ：滑走路視程一五〇フィート以上で、外部視界にたよることなく自動操縦で接地し、その後は外界を見ながら地上滑走を行う着陸。

パイロットはそれぞれの方式についてシミュレータで訓練を受けるが、長いキャリアの中でもカテゴリーⅡを実際に経験するのはほんの数回、カテゴリーⅢに至っては一度も経験せずに退職する人も多いという。

後に、彼は法廷に提出した上申書で次のように述べている。「私は、内心では航空会社の利益になればいいと思い、カテゴリーⅢの自動着陸条件のための免許条件適用免除を受け入れました。私自身は、ダイバート（代替空港に行先変更して着陸すること）してもかまわないと考えていました。でも、もし機長が免許条件適用免除を求めることなくダイバートしたら、会社は機長に何と言ったでしょうか？　もし私が免除を受け入れなかったら、会社は私に何と言ったでしょうか？(3)」

副操縦士は実際、板ばさみ状態だった。彼は、航空会社の役に立ちたいと思い、乗客たちを目的地に送り届けたいと思い、フライトを続けることに賛同したのである。しかし、彼は体調を崩していた。もし、副操縦士がカテゴリーⅢの進入を行うにはあまりにも未熟だという理由で、ダイバートすることになったとしたら、彼は何のために乗務していたことになるのか？　そして、薬は何のために飲んだことになるのか？

ウィルキンソン氏は次のように書いている。

「これは、職業パイロットが葛藤する核心部分なのである。『規制を決して破ってはいけない、一か八かの賭けはやってはいけない、文書化された手続きを無視してはいけない、安全性を妥協してはいけない』という航空会社の講義が右耳に入ってくると同時に、左耳には次のような囁きが聞こえるのだ。『時間を浪費するな、金を節約しろ、乗客を目的地に到着させよ、できない理由を探してはならない』と。(4)」

アプローチ（空港への進入降下）

ロンドンに近づいて、７４７型機は、飛行場の北東の上空で通常通り待機していた。しばらく旋回した後で、航空機関士が「すみません！　待機燃料が残り二分になりました。早くマンチェスターに向かいましょう」と言った。クルーは、どんな選択肢があるかについて話し合った。マンチェスターとガトヴィック（ロンドンの南）がともに代替空港の候補だったが、マンチェスターのほうが天気がよかった。しかし、航空機関士が後に回想したところによると、機長の決意は固かった。まさに彼がマンチェスターに行き先を変えようと決めかけた瞬間に、ヒースロー空港から連絡が入り、７４７型機に進入の許可が下りた。

しかし、厄介な事態が生じた。それは、計画された通りの東（滑走路09）向きに着陸せずに、風向きが変わったせいで西（滑走路27）に向かって着陸しなければならなかったからである。着陸準備は急いで行われることになった。クルーは、滑走路の進入経路図を差し替え、手順について話し合ったり考えたり、操作のイメージを修正したりしなければならなかった。追い風一〇ノット（時速約二〇キロメートル）が吹いていたので、７４７型機はさらに速い対地速度で、滑走路へと続く進入コースに向かったことになる。アプローチ担当の管制官が、滑走路から一二マイル以上離れた通常の地点にではなく、一〇マイルのところにあるローカライザーに７４７型機を誘導したため、状況はさらに厳しいものになった。途中で、管制塔は、「いくつかの進入灯が点灯していないらしい」と通報してきた。このことが予定した手順にどんな影響を及ぼすか、航空機関士はチェックリストを急いで調べなくてはならなくなった。先行する747型機が、滑走路から誘導路への出口を見つけようとして霧の中を慎重に走行しているため、管制塔は、ぎりぎりまで747型機への着陸許可を遅らせた。

それに加えて、自動操縦装置が、本当に最後の追い討ちをかけた。すなわち、この装置は、左右に行きつ戻りつ誘導電波の中心に機体を導くどころか、ローカライザーの電波を同定できずにいるようだった。このクラシック・ジャンボと呼ばれる旧型の747型機に搭載された二つの自動操縦装置は、ローカライザーを捉えることができずにいた可能性がある。この航空機が向きを変えて進入を始めるとき、自動操縦装置がしばらくの間はずれて、航空機は手動で飛行していたのである。その自動操縦装置は、スペリー社製で、初期の頃の設計だった。装置は、この航空機のために作られたものではなく、「後づけ」の類であり、「だましだまし」扱わなければならなかった。[5] クルーは、自動操縦装置を再び接続して使おうとしたが、レーダー画像の解析によると、機体は最後まで安定した進入経路を定められなかった。

航空機関士は、夜通しほとんど一人で飛行し、まだ操縦桿を握り続けている機長のことを心配していた。副操縦士は、役に立ちそうになかった。彼は、ただ黙って見ているだけだった。「私は、このアプローチをする資格を持っておらず、どこがまずいのか意見を言うことはできなかったのです」と、副操縦士は後に安全調査員たちに話した。

機長は、厳密に言えば違法行為を行ったことになる。不安定で、完璧に機能していない自動操縦装置を使ってカテゴリーⅢ進入の飛行を試みることは、許されないことだった。後知恵になるが、誰が見ても適切な判断というのは着陸復航、すなわちゴーアラウンドを行うことだった。その上で再び着陸を試みるか、別の空港に向かうことだったと思われる。「私だったらとっととあきらめて、代替空港に行くか、着陸をやり直したでしょうね。間違いありません」と、あるパイロットはウィルキンソン氏に語った。

しかし、同じ航空会社や他の会社のパイロットたちの中には、正反対の考えをもつ者もいた。

いいですか、彼は燃料のことを心配していたのですよ。副操縦士は役に立たないし。マンチェスターに行先変更すれば、会社に最低三万ドルのコストがかかることくらい、彼にはわかっていたはずです。彼の脳裏には、チーフ・パイロットのオフィスに呼び出され、着陸できなかった理由を説明している自分の姿がよぎったでしょう。自動操縦装置は復旧すると予想したのでしょう。きっと、彼は天候がカテゴリーⅠ（カテゴリーⅢよりもより高い雲底とよりよい視程）の限界高度で雲が晴れて、その後は自動操縦を切って手動で飛ばせると確信していたに違いないのです。彼がなぜ続行したのか、私には理解できますよ。(6)

うまくいく可能性はあったと、ウィルキンソン氏は見ている。もしそうなっていたなら、誰もこの事例を耳にすることはなかったはずである。

ところが、うまくはいかなかった。機長は、乗客の快適さを心配し、ゴーアラウンドを行うタイミングを遅らせた。その後、ゆるやかに操縦桿を引き上げた。高度は慣性でさらに五〇フィート下がった。飛行機の機首を上げ始めたとき、航空機関士は左側の窓から進入灯が見えたという。

747型機の教官の一人はこう言った。

燃料が枯渇していたのは機体よりこの機長のほうであり、おそらくゴーアラウンドするのが一瞬遅れた理由の一つはこれだったのではないかと思います。カテゴリーII進入に関する意思決定を行う際には、進入灯のかすかな光を見て、ほんの一瞬だけ待ち、何かが見えてくるかどうかを確かめるのです。彼は、同じ空港に着陸する際に、この自動操縦装置がおかしな動きをするのを、おそらく何度も経験し、二〇〇フィート（六〇メートル）から五〇〇フィート（一五〇メートル）の高度で雲から出て滑走路を見つけてきたはずです。そして、乗員用のバスではみなが、「いやぁ、今日もまた自動操縦装置がひどかったよ」と言うのです。(7)

最初の着陸を試みた後に高度を上げている間、副操縦士は、機長の手が震えているのに気がついた。彼は、自分が代わって二回目のアプローチをすると申し出たのだが、機長は却下した。二回目のアプローチは平穏無事だったし、着陸した後は客室で拍手が湧き起こった。

報告せずに裁判

航空機を停めた後、乗員室に戻ったとき、機長は自分の会社のメールボックスに一枚のメモを見つけた。そこには、クルーは、チーフ・パイロットのところへ来るようにと書いてあった。機長は、副操縦士と航空機関士に帰宅するように伝え、彼は、自分がメモを見つけたときにはすでに二人は退社していたことにすると言った。

しかし、彼は、チーフ・パイロットのところへは行かなかった。しかも、起こったことを会社の安全調査員に話をすることもしなかった。その代わり、彼はまっすぐ車で帰宅し、床についた。その夜、航空会社から電話がかかった。クルー全員が停職を命じられてしまったのである。

航空会社は、内部調査に着手し、後に副操縦士と航空機関士を注意処分とする報告を公表した。航空会社はまた、機長を副操縦士に降格した。それに伴い、航空当局は彼のライセンスを降級にし、将来、機長席に再び座る可能性は絶たれた。

これは、あまりにもひどい話である。

インシデントの半年後、機長は辞職し、当局を相手取って自分のライセンスの格下げ撤回を訴えた。彼らの能力には何ら問題は見当たらないと言う人もいた。それまで、この機長は、半年に一度の技能チェックで「平均的」という評価を受けていたが、一部の教官は、プレッシャーがかかった状況下ではパフォーマンスが低下すると記録していた。

しかし、なぜ規制当局者*は、彼を裁判にかけたのだろうか？「あくまで推測だが」との注釈つきでウィルキンソン氏は次のように記している。

このことについて航空会社は、彼を気の毒に思っていないという感触がある。世間体を非常に気にする航空会社にとって、この機長は、事態をややこしくする危険人物だったのである。機長が問題になりそうな会社のやり方を暴露したのではないかと言う人もいる。もし機長が犯罪者の烙印を押されたら、会社について彼がどんなことを言い出そうとも効果的に否定することができるだろう……。一方で、規制当局の法務部内に存在する「帝国」の仕業だと考える人もいる。一国の代表的航空会社のジャンボ・ジェット機の機長たちが、航空当局に盾つかないよう見せしめにするために、野心ある担当検察官**がこの事例を利用したのではないかと言うのだ。(8)

インシデント発生から六週間後、航空会社は、今後は悪天候時の免許条件適用免除を与えないと発表した。しかし、副操縦士によるアプローチを許可した運航管理者は、裁判にかけられなかった。前を行く７４７型機からの距離を法定限界の六マイルでなく、五マイルしか取らずに後続機を逼迫進入させた管制官もまた裁判にかけられなかった。午前八時に世界中からロンドンに集結してくる過密な空のダイヤにおいては、それらのルールを柔軟に運用することが黙認されていたことは明白である。裁判にかけられ、警察官の隣の被告席に座らされたのは、機長一人だった。なぜ、彼はフライト直後に、提出義務のあるインシデント報告を提出しなかったのか？　機長は、インシデントに相当しなかったからだと主張した。結局、彼はゴーアラウンドし、二度目で無事に着陸した。なぜ、彼はそんなにぎりぎりのタイミングでゴーアラウンドしたのか？　彼は、どこにも標準的な手法は書かれてはいなかったと主張した。裁判の中で、機長は、アプローチの間に会社や規制当局がクルーに実行するように求めている、コールアウト（声出し確認）、チェックリストを使った確認、無線通信の内容を記録したものを提出した。それによると、所定の動作をすべて遂行するのに七分かかることが明らかになった。今回のアプローチはたった四分だったので、規則が要求する手順をすべて実行するのは時間的に不可能だったのである。

しかし、そのことを気にかける人はほとんどいなかった。陪審員たちは、うたた寝するときすらあった。裁判は難解な法的視点を中心に展開するか、さもなければ微細な専門的視点で展開した。被告人の機長は、彼自身の考えを法廷で証言する機会を一度も与えられなかった。

この古い747型機が、あの後、自動操縦装置の整備を受けずにロンドンから次の行程へと飛行したという事実について、弁護士はそこになんらかの過失がないかを精査した。整備点検記録には、自動操縦装置についてのやり取りが記載されていたかもしれない決定的な四ページが未だに行方不明で

＊　規制当局（reguratory authority）は、航空会社にとっては国土交通省航空局、原子力発電所にとっては原子力保安院といった、監督官庁のこと。その担当職員は規制官（regurator）。

＊＊　英国では検察庁以外の官庁や民間にも刑事訴追の権限を持った検察官（prosecutor／「検事」とも訳す）がいる。

ある（調剤記録から処方箋がなくなっていたマーラの事例と似ている——プロローグ参照）。

法律に詳しいパイロットの一人は、こうコメントした。

「規制当局に落ち度があったのです。航空会社の運航マニュアルには、資格を持つ副操縦士がいなくても状況によっては機長が空港に着陸する権限を与えられるという規定があったのです。このインシデントは、航空会社の過失によって起きたものであり、本来なら違法なのですが、会社は起訴されませんでした。その規定が存在していなかったなら、機長は、慎重に燃料保存してフランクフルトへダイバートしていただろうと思います。(9)」

陪審員は、多数決で機長を有罪だと判断した。それは彼に罰金一五〇〇ポンドだけを科すとの判決であって、裁判費用を賄うためにさらに四万五千ポンドを支払うようにという規制当局の請求は認められなかった。機長はその判決を不服として控訴したが、それは即座に退けられた。

子どもの頃、この機長は空軍基地の近くに住み、戦争中、航空機が離着陸するのを見ていた。それで彼はパイロットを志すようになったのだ。

「そのインシデントが起こって三年と九日が過ぎた一九九二年一二月一日、パイロットは妻に何も告げずに家を出た。彼は、九時間ほど車を走らせて、空軍基地近くの海辺まで出かけた。そこで彼は、細く開けた窓に車の排気管からホースを引きこんだ。ほんの数分後に、彼は死亡した。遺書もなく何の説明もないままに。(10)」

公正な文化の意義

その機長の起訴と有罪判決が正しかったかどうか、あるいは、公正だったかどうかをたずねるのは、あまりにも安易である。というのは、答えを出すにはあまりにも難しいことだからである。そもそこれは犯罪だったのか?

事件に関して複数の記録があるはずなのに、いろいろな文書が跡形もなく消え去るのは、いつもぞっとさせられる話である。ウィルキンソン氏がインタビューを行った人の中には、あれは陰謀だったとほのめかす者もいた。それはあり得ることだった。一人のパイロットをやり玉に上げて、当事者たちの口を封じるのが目的だったのかもしれない。彼を罪人にすることで航空会社と規制当局双方の面子が保たれた。その規制当局の担当者は、たまたま、以前この地方の航空検察官だった人物である。しかし、陰謀では、厳密に調整が図られ、かかわった人たちに鉄の規律が求められる。そんなことが可能だっただろうか。

しかも、このパイロットは機長として優秀というわけではないが、「平均的」レベルではあったのである。彼は、クルーが陥った苦境に対して最終的な責任を負った。そうして、当初、彼は協力することを拒み、敵対的関係となった裁判の場でそうするように強制されるまで、そのインシデントの情報を公開したり議論したりしようとしなかった(結局、彼にとってそれはインシデントではなかったのである)。

正しいのは誰か？　このインシデントの真実を語っているのは誰か？　幾重にも可能な解釈がある中で、ウィルキンソン氏の話は答えを明らかにしないまま終わっている。しかし、公正な文化を構築することについては、重要な手がかりを浮き彫りにした。

- **単一の説明では、複雑な事象を公正に取り扱うのは無理である。**真実に迫るには多層的な説明が必要である。説明同士、一部は重複し、一部は矛盾するだろうがそれでよい。
- **公正な文化では、誰の説明も「真実」、あるいは「正しい」として受け入れたり、**「間違い」と言ったりしない。そのようなことは、安っぽい勧善懲悪劇を導き、この機長や看護師マーラのような敗者を生むだけである。そうではなく、多様な価値を受け入れ、多角的視点からの説明責任と学習を促すのが公正な文化である。
- **公正な文化は、絶対的なものではなく、妥協に関するものである。**公正さを達成するということは、白黒つけるということではない。歩み寄って解決することを求める。公正な文化における裁定は押しつけるものではなく、取り引きされるものである。裁定を求めるこの取り引きは、すべての関係者が利益を得るには何が最善かを発見するプロセスである。[11]それは、説明責任の要求を満足させ、かつ組織学習や改善を支援するような事象の説明である。
- **公正な文化は、**多層的な説明のうち、**「下からの視点」に注意を払う。**その説明（この場合は被告人の視点からの説明）は、一番説得力がなく、却下するのが最も簡単である。それを口封じすることは、組織的に、あるいは政治的に見れば都合がよい。それは必要悪とみなされるかもしれない。他の目標を達成する過程では、本人には気の毒だが誰かが踏み台にされる必要があると考える人もいるだろう。しかし、そのようなことであればなおさら、下からの視点に発言権を与えることは、道徳的に見て極めて重要なことである。

・**公正な文化は、システムの欠陥から注意をそらすために他者を利用して権力の目標を達成しようとするものではない。**仮にそのようなことをすれば、利用される人たちの人間性を否定し、既存の構造や取り決めなど、権力を保護するための単なる道具にしてしまうことになる。多くの人々は、これを倫理的でないとみなすだろうし[12]、私たちの社会が今もなお生活の指針としているアリストテレスの正義観に反することになる[13]。

・**情報開示は重要である。**情報開示をしたがらないと、普通に起こるミスでも正直ではないという印象を与え、その結果、それに応じた扱いを受ける。このことは、本書にあげる事例が示している。情報開示は、実務者の責任であるし義務ですらある。

・**情報開示する人たちを保護することもまた重要である。**先に取り上げた機長の事例（レターボックスに入っていたチーフ・パイロットからの呼び出しを無視した話）でも、彼は正直に報告すれば公正に取り扱われるという確信を持っていなかったのだろう。彼が勤めていた航空会社では、正直に情報開示することに対して好意的ではなかった可能性がある。情報開示することが可能であり、容認される風土を醸成するのはその組織の責任である。しかし、そのためには、もっと積極的な保護施策が必要である。

・**公正な文化には、均衡と良識が重要である。** ミスの大きさとそれへの対応が不つり合いな場合、その対応は不公正で良識のないものだとみなされるだろう。「あの人はなんで有罪になったの？」と、友人パイロットは、信じられないといった面持ちでウィルキンソン氏に尋ねた。ウィルキンソン氏は「乗客を危険な状況にさらしたからだよ」と答えた。すると、そのパイロットは「俺なんかいつもそうだよ。それが航空というものさ」と笑いながら言ったそうだ。[14] 機長に対して最終的に科せられることになった懲罰（わずかな罰金）は、彼の行為が裁判沙汰にするほどではなかったということと、起訴が過剰反応だったということの証拠である。均衡について心にとどめておくべきは、マルティン・ブーバーの、「必要なことは許され、不要なことは禁じられる」という格言である。

一つの事例が裁判になる頃には、以上に箇条書きしたことの多くは損なわれているか、取り返しがつかなくなっている。裁判は、複雑な事象を公正に取り扱うことはできない。なぜなら、裁判では最も真実らしいか、正真正銘であるか、もしくは最も信頼できる説明を一つだけ選ばなければならないからである。

正直に情報開示していないと疑われることが、しばしば裁判の引き金になる。ここにあげた事例がそうである。医療訴訟の中にも多い。患者やその家族は、ミスの原因を知る方法がもう他にないと感じるまでは、法廷で医師と争ったりしないのが普通である。はぐらかし続けるから、裁判にもつれ込むのだ。[15] しかし、情報開示するとどんな扱われ方をするのかという不安や、先行きが見えないという不確実さを感じさせるような風土では、人はものを言わなくなる。私たちの社会は、裁判に持ち込まれる事例を増やせば増やすほど、お互いの意見を気兼ねなく伝え合うのがますます難しくなる風土を作り出すことになるだろう。

第3章　報告の重要性と報告のリスク

多くの専門領域で報告の義務が強調されてきた。たとえば航空管制においては、「安全にかかわるすべての出来事は報告され、査定される必要があり、集められたすべての関連データと教訓は周知されなければならない」[1]。ここで暗黙に理解されているのは、人が学習するには報告が不可欠だということである。そして、安全水準を高め続けるために（あるいは、常に変化するリスクの一歩先を行くために）学習が不可欠ということである。

「安全にかかわるすべての出来事は報告する必要がある」と言うのはたやすい。しかし、「安全にかかわる出来事」とは何か。第2章で見た通り、これは解釈の問題になる。あの747型機の着陸やり直しは、機長から見れば安全にかかわる出来事ではなかった。つまり、報告する必要のない事柄だった。しかし、彼の上司と規制官から見れば、その必要があった。さらに、彼がそれを報告しなかったという事実もまた、報告に値した。

報告について専門家に適用される規則は、「安全にかかわるすべての出来事」は報告されなければならないというだけではなく、理想を言えば、報告すべき対象をもっと詳しく特定できなければならない。ある人が、これは明らかに組織が学ぶよい機会だと考える出来事も、他の人にとっては退屈で報告する価値がないかもしれない。「悲惨な結果になる可能性があったが、そうならなかった」ということは、報告する価値があるかどうかの明確な指標とは限らない。なんと言っても、多くの専門職の仕事は常に悲惨な結果に至る可能性があるからである。「飛行機を操縦するたびに、私は乗客を危険にさらしています」とは、あるパイロットの弁だ。しかし、だからといって、何でもかんでも報告しなければならないということにはならない。

報告は重要——だが、何を報告すべきか？

報告の要点は、組織の学習に役立つことである。それは、システム上の変化をもたらすことで、基本的な作業環境を改善し、危険な出来事の再発を防止することである。つまり、安全な仕事の遂行になんらかの光を当てる（そして、その状況の改善を助ける）可能性のあるすべての出来事は、原則的に、報告し調査する価値がある、ということである。しかし、これだけではまだ十分に意味のある指針ができたとは言えない。

どの出来事に報告・調査の価値があるかは、本質的に判断の問題である。第一に、その判断は危険と隣り合わせの仕事を現場で行っている人々によってなされるべきである。あることを報告すべきかどうかの判断は、何よりも経験に基づく。長年現場で実践してきた能力から、ミスや有害事象の背後にある原因と深刻度を評価することができる。

確かに、長年の経験が、何を報告するかの判断を鈍らせることもある。以前にも経験したことばかりなのに、なぜ今さら報告を？　個人と団体が考える「正常」の定義は徐々に変わることがあり、時間が経ち、また経験を積み重ねるにつれて、どんどん原則から離れていく。加えて、ミスを語る際に使われるレトリック（言葉遣い）によって、出来事を当事者に無関係なように「正常化する」*（あるいは、少なくとも注意をそらす）ことになりがちである。「合併症」あるいは「指示を守らない患者」は、自ら進んで報告したくなるような事柄ではない。他の場でならば同僚と共有する価値があるが、同じ出来事が、たとえば誤診と疑われるようなときにはなおさらである。

ある出来事が報告する価値があるかどうかは、言い換えれば、最初にどんな言葉で記述されるかによる。このことにはもう一つの興味深い含意がある。場合によっては、経験不足ゆえに（若輩であったために、あるいは特定の事例あるいは特定の領域に対して未経験であったために）新鮮な目で、何が「正常」であるか、何は報告すべきで何はそうでないかと問い直すことができるのである。

立場の異なる関係者たちが、自分の分野の有意義な報告例を共有する場を持つことも役に立つだろう。出てきた報告例をリストにまとめて、報告すべきものの参考例として配ってもよい。

しかし最終的には、ある出来事が他の人々から価値があるとみなされるかどうか、また発展させることができるかどうかは予測し難いので、倫理的義務としては「疑わしきは報告せよ」とすべきである。

＊「正常化する（normalize）」とは、本来正常でないことを正常とみなすこと。

では、「出来事」の範囲を決めるのは何か？　報告者は、報告する出来事の起点と終点を決めなければならない。その出来事の発生に関与した他の関係者の役割と行動を、どう記述するかを決めなければならない（もし必要な場合には、他の関係者を名指しで記述するかどうかについても）。最終的に、報告者は、組織が出来事を理解し、変化するための手段を見つける機会を与えるような、（詳細から概略までの）記述レベルを定める必要がある。こうしたことの多くは、前もって構造化しておくことができる。たとえば、手引きがついていて、特定の質問に答える（組織が出来事の意味を理解するために「知る必要がある」内容）部分と、自由記述用のスペースがついている報告フォームを用意するといったことである。

報告が危険になるとき

公正な文化において、「正直な失敗」（誠実に仕事をしている中で起きてしまったミス）を報告した場合には、そのミスのために非難されることはない。なぜならば、ミスをおかした人を非難することよりも、生じたミスから学ぶことで、組織はより多くの利益を得るからである。よって、人々は率直に正直な失敗を報告するはずである。

問題は、しばしばそうではないことである。

しばしば、人は率直に報告をしない。

その理由は、報告することが本人の危険になり得るからである。多くのことが不透明だからである。

① 上司、経営者、組織の対応は、正確にはどのようなものになるか?
② 報告者の権利と義務はどのようなものか?
③ 報告した情報は組織の内部にとどまるのか? それとも外部の人間(マスコミ、検察当局)も知り得るのか?

多くの人は、不正直でいたいわけではない。嘘つきなわけでもない。彼らが報告をしないのは、結果をおそれているから、あるいは、自分が話したからといって何か意味のあることがなされるとは信じていないからである。そして、それはしばしばその通りなのである。すなわち――

① 報告した結果がどうなるか、全くわからない。未知なこと、不確実であることをおそれる。
② 結果は悪いものかもしれない。自分から報告してそのような悪い結果に巻き込まれるのが怖い。
③ 結果はわかっている。報告してもそれに対して組織が何もしないという結果を知っているので、報告する意味がないと感じている。

①の理由が一般的だろうが、いずれの理由も組織が真剣に取り組むべき問題があることを意味している。①の場合、やるべきことは明確化である。報告の手続きとルールについて、人々の権利と義務

について、報告したときに報告者がどのように守られるかについて、明確にする。②の場合は、組織間の取り決めを見直すべきだろう。たとえば、報告者の扱いについて、監督官や検察に対してはどうするのか、上司や管理者に対してはどうするのか、といったことについてである。これには、多くの入り組んだ利害の調整が必要となるので、より困難な問題である。異なる立場の関係者の利害とそれらの間の可能な関係については、後の章でさらに取り上げよう。③の場合は、明らかに、組織はもっと努力しなくてはならない。この問題について、これから詳しく論じたい。

報告した情報が別の目的に使われたら？

プロローグの看護師は正直に、自分が子どもの死に関与したことを上司に報告した。その結果、彼女は有罪判決を受け、現在は休職中である。おそらく二度と医療現場には戻らないだろう。インシデント報告の情報はマスコミにリークされ、たまたま地方紙でその記事を読んだ検察の手に渡った。

多くの国では、情報へのアクセスはこのように偶然に起こることではなく、もっと必然的である。ほとんどの民主主義体制では、強力な「情報の自由」の法規定を持っているからである。原則的に、機密文書以外、すべての市民はあらゆる情報に外部からアクセスできる。こうした透明性は民主主義に不可欠であり、いくつかの国では情報の自由を憲法に明記している。しかし、情報を求める市民はジャーナリスト、警察、検察官であってもよい。情報の自由は、組織自体が政府所有の場合、特に厳しく問われる（多くの国で、病院や航空管制センターは国営である）。さらに、安全調査委員会等も政府系組織であり、よってそうした法規制を受ける。だから、人々は安全調査に協力したがらないのである。こうした情報漏洩の可能性は、著しく大きな不確実性を生み出す。そして、不確実性は概ね報告への意志を挫く。人々は情報が組織のファイルから出ていくことを心配するようになる。実際、組織自体がそうしたファイルを持っていることにさえ不安になるだろう。それらを持っていることが、専門家の名前が公的な場に出てしまうリスクを生み出す。次には、このために、安全管理に関する情報が、専門家の機微やニュアンスを理解しない人によって過度に単純化され、歪曲され、誤用されるかもしれない。

いくつかの国では、非常に限られた範囲だが、安全関連情報を情報の自由の法規制から除外してきている。たとえば、ノルウェーの航空法には、「刑事手続き上の証拠として使用することの禁止」が記されている。「事故調査機関が受け取った情報を、その証拠を提供した人に対して訴追されたいかなる後続の刑事手続きの証拠としても使ってはならない(2)」。もちろん、検察あるいは裁判官が実際に(すべての市民に公開されている)最終事故報告書を読むことを妨げるものではないが、誠意をもって提供された発言が証拠として使用されることを防いでいる。同様の規制が、様々な国で、形式は異なるが、存在している。たとえば、アメリカの多くの州では、インシデント・レポートで集められた安全関連情報を、潜在的な原告によるアクセスから保護している。ほとんどの州で、情報開示には、召喚状か裁判所命令が必要となる。

この件の問題点は、もちろん、正当なアクセス権のある人や悪意のない市民に対しても情報を閉ざしてしまう点にある。例えば、患者や交通事故の被害者（あるいはその家族）を考えてみよう。彼らの第一の目的は、自分の親族に何が起こったのかを特定できる何かを見つけ出すことである。言い換えると、報告に対する保護はこうした情報公開をより難しいものにする（第4章参照）。報告された安全管理情報を公的に保護しようと考えるならば、こうした潜在的な影響についても慎重に考慮しなければならない。(3)

報告させるには？

人々に報告をさせるのは難しい。ひとたび報告システムの運用が始まってから報告率を維持することも同様に難しいが、それはたいてい別の理由からである。人々に報告をさせるには、二つの重要なことがある。

- 報告システムへのアクセスを最大化する。
- 不安を最小化する。

報告手段にはアクセスしやすくなければならない。報告フォームを作るなら、容易にどこでも使えるようにする必要があり、書き込んだり送ったりが煩わしいようではいけない。

不安は何よりも報告の妨げとなる。

・報告は、その後どう扱われるのか？
・誰が報告を見るか？
・自分自身や自分のキャリア、また同僚を危険にさらすのか？
・自分に対する法的措置を誘発しやすくなるか？

組織としては、明文化された方針があるかどうかを問い直さなければならない。その方針は、報告プロセスがどのようなものか、報告の結末はどうなり得るか、人々が期待できる権利、特権、保護、義務はどのようなものかを、組織の全員に対して説明するものである。明文化された方針がなければ、曖昧さが残る。そして、曖昧さがあれば、人々の情報開示が少なくなる。

人々に報告させるということは、信頼を築くということである。善意で提供された情報が、それを報告した人に害をなすような使われ方をすることはない、という信頼である。そうした信頼が、様々な方法で築かれなければならない。一つの重要な方法は、構造的（法的）協定を結んでおくことである。報告をめぐる組織的または法的な協定について、人々によく知ってもらうことは非常に重要である。報告の忌避は、多くの場合、報告に伴って起こることへの実際的なおそれよりも、何が起こり得るかが不確実であることにより強く関連している。たとえば、ある企業では、インシデントに関する社員の権利と義務について、名刺大のカードに記載して従業員に配布している。

信頼を築くもう一つの方法は、先例を示すことである。人がある出来事を報告するかどうか迷ったときに参考にできる、よい記録を用意しておく。しかし、信頼とは築き難く、壊すにたやすいものである。報告された出来事に対して組織が取った反応あるいは法的反応の中のたった一つにでも、漏れた情報が報告者に不利になるように使われた可能性に気づいたら、何カ月も、あるいは何年もかけて築いてきた関係は壊れてしまうだろう。

報告させ続けるには?

報告率を維持するのもまた、信頼である。だがさらに、関与、参加、裁量権といったことも関連する。十分な信頼が築かれ、人々がそもそも報告を送らずに済ませたいと思わなくなることと、参加し関与するという関係性が築かれ、人々が実際に報告を送り、さらに送り続けるという行動を取るようになることとは、全く別の事柄である。

多くの人は、自分の仕事の安全と質に純粋な関心を寄せて働いている。もしも彼らが報告することで目に見える改善に貢献する機会が実際に得られるなら、報告するように無理に動機づけたり督促したりする必要はほとんどないだろう。報告者を変化プロセスの一部とすることは正しい方針だろう。ただし、報告者がそうありたいと望んでおり、また経営者が、安全性と仕事の質を向上させるために、従業員と融和することをいとわない限りにおいてであるが。

報告によって生じたあらゆる変化をその部署にフィードバックすることも、よい方略である。しかし、これは、報告を使って対策を立てることの代用にしてはならない。多くの組織が、報告すること自体がよいことだという信念にとらわれている。その信念によれば、人々が失敗を報告すれば、その失敗の報告が他の作業者に周知され、物事は自動的に改善して、人々はまた報告しようという動機づけを感じる、という。これは長くは続かない。報告された内容と報告した人々への積極的な取り組みが必要である。また、報告された情報に基づいた、積極的で目に見える改善も必要である。

報告すべきは上司か、安全管理スタッフか？

多くの組織では、ライン管理者*（報告者の上司）が報告の受け手になっている。これは道理に適っている。ライン管理者は概ね、職場第一線の安全と質の責任を負っており、何がうまくいっていて、何がうまくいっていないかの最新情報をつかんでいなければならないからである。しかし、このやり方にはいくつかの副作用がある。

- （部署が通常の規模の場合）報告書を無記名にしても、報告者が容易に特定されてしまう。
- 報告することが直接キャリアに影響する場合がある（運が悪ければ管理職自身の昇進に響く）。
- とりわけ、報告者が明らかにしようとする問題の一部にライン管理者自身が含まれる場合、この

＊「ライン」とは指揮命令系統が明確に階層化されている組織の実働部門。「スタッフ」は社長や事業部長の参謀的役割を担う要員や組織のこと。

ような報告システムでは有用な情報がそこで止められてしまう。

以前、私は報告システムの管理を各部署の管理者から安全管理スタッフに移した組織を研究したことがある。移行前、そこの従業員は実際のところ、自分の上司に「エラー」や「違反」を告白する気持ちが十分にあった。それはほとんど名誉ある行為とみなされていた。ライン組織は、従業員がエラーを告白するのはインシデント調査の満足できる結果とみなした。失敗を組織に報告することによって、すべての複雑な問題にすばやい終結がもたらされた。経営陣は深い調査をする必要がなく、その実務者の作業方法に特有のエラーとみなされ、叱責されて、次はもっと注意するように諭されるか訓練を受けていた。

実務者は単純にすばやくエラーを告白すれば、ライン管理者からさらに多くの、あるいはより深い質問を受けずに済んだ。さらに、キャリアに傷がつくことも防げた。情報が他の部局（たとえば、企業の監査役）に送られることを未然に防げたからである。言い換えれば、懲罰へのおそれは必ずしも報告の意思をくじくものではないのである。ある種の報告を促すこともあった。それは、「最小限の情報開示で自分の過失を認めて、その問題をさっさと片づけてしまう」というタイプの報告である。「ヒューマンエラー」に原因を求めることは全員に利益があるように見えた――

ただし、組織は何も学ばなかった。

ある従業員はこう語っていた。「何が起きたか、本当のことは話しませんでした。そうするように上司に促されました。彼は、そのインシデントはある一つの原因のせいだと最初から考えていました。本当はそうではないのですが、おかげで、私は、仲間（現場第一線の実務者）にとって都合のいい筋立てを作り、それを主張し続けることができました。」

報告システムをライン管理者が運営すべきでないと考える最も重要な理由は、おそらく、報告には組織の学習を飛躍的に向上させる可能性があるのに、それを活用できないからである。オペレーター（操作員）から報告を受け取ったライン管理者の発言を見てみよう。

そのインシデントについて当事者と話し合い、緊急時に優先順位を持っていなければならないと指摘しました。オペレーターは、一つの問題に注意を奪われて、残りの作業環境を無視してはならないのです。オペレーターは、適用できる規則と許される例外事項を思い出しました。調査報告は、社内の安全掲示板に貼り出され、他のオペレーターにも役立ちました。

こうした対応策は、組織の学習として最良のものとは言えない。実際、それらは安易な、よい気分になるだけの応急処置で、全く効果がないか、あったとしても非常に短い期間しか持たない。

インシデント・レポートにもう一つの並置システム（あるいは代替システム）を開設することは有効だろう。このシステムでは、報告はラインの部署の運営に利害を持たない安全スタッフが受け取り、ライン管理者（たとえば、安全あるいは品質管理責任者）には渡らない。ライン管理者に報告されるものと、秘密の報告との間には大きな差がある可能性がある。また、報告者が感じる理解、関与、裁量権も大違いである。

仕事のことを理解している自分と同格のスタッフが面接してくれるのは、非常によいことです。彼らは、実際に役に立つ質問をして、私が気づいていなかった方向性を指摘してくれますからね。私は以前よりもとても前向きになりました。以前は、何がよくないか、理解する機会がありませんでした。インシデントの結果があるだけだったのです。今では、私たちが対策を考える前に報告が公になることがないのもうれしいです。私たちは調査と対策のプロセスにとても深くかかわり、出来事をよく考える時間があります。電気椅子に座らされて、罪の意識を感じるのではなくて。今は安全スタッフと面接をしているときに、何かで自分が責められているとは感じません。

もちろん、部署の仕事を継続的に改善していく上で、現在実施されているライン報告制度を維持することは非常に生産的かもしれない。特に、関連する管理者の注意を即座に喚起することが必要な場合はそうである。しかし、もしまだ組織に秘密の守られる別ルートの報告システムがないならば、ぜひ設置を検討すべきである。ラインベースとスタッフベース（あるいは、公式システムと秘密システム）の報告ルートは、変革のために様々な種類の手段を提供する。両方のデータソースを活用して改善のための情報を引き出さないのは、組織にとって資源の空費と言えよう(4)。

第4章　情報開示の重要性と情報開示のリスク

情報開示と報告の違い

情報開示と報告は異なる。[1] この章ではその違いと、特に情報開示と正直さについて考えよう。

- **報告とは、上司、管理組織あるいはその他の関係機関への情報提供である。**「報告をする」とは、指定された関係者（上司、安全管理者）に、自分が見た、かかわった、あるいは行ったことを口頭か文書で説明することである。報告は、組織の学習に役立つので必要と考えられている。報告は、第一義に消費者や患者を助けるものではないが、組織（たとえば同僚）が不具合の発生と再発防止の方法を知る助けになる。
- **情報開示とは、顧客・患者・家族への情報の提供である。**不都合な出来事における自分の役割を情報開示するという倫理的義務は、専門家と、彼らが提供する製品やサービスに依存している人々との間に築かれる特有の、信頼に基づく関係が根拠となっている。情報開示は、専門家意識の指標とみなされる。情報開示とは、特に秘密の情報、あるいは秘密にしておくことができる情報を知らしめることである。一人かごく少数しか関係していないインシデントについての情報や、内情に精通した専門家だけが本当に理解できる情報などがこれに当たる。

- **一般に、実務者には、報告の義務がある。**何か不具合があるときに、実務者には、自分の組織に対してそれを報告する義務がある。職分の一環として、問題や失敗があることを知らせる職責を負う。実務者はシステムの最先端であり、第一線にいる。彼らは日常的に技術やビジネスのリスクと接触している。彼らの経験にこそ、組織が学習し、仕事の質が継続的に改善される決め手があるのだ。
- **実務者には、情報開示の義務がある。**実務者には、不具合についての情報を消費者、顧客、患者に開示する義務がある。これは、専門家が、自分のサービスを利用する人々との間に持っている信頼関係から派生するものである。
- **組織には、情報開示の義務がある。**組織には、不具合に関する情報開示の義務がある。この義務は、サービスを利用する人々、あるいは組織の活動が影響を与える人々との（おそらく暗黙の）合意から生じる。
- **組織（雇用者）、司法、規制当局には、起こり得る望ましくない結果について正直である義務がある。**したがって、専門家は報告あるいは情報開示する際に、起こり得ることについて口を閉ざしていてはいけない。

表 4-1　個人と組織にとっての情報開示と報告の違い

	報告	情報開示
個人	上司、経営者、安全／品質管理スタッフに意見や行動について文書か口頭で説明する	消費者、顧客、患者に情報を知らせる
組織	規制当局や、求められたときには他の当局（たとえば司法当局）に従業員の行動に関する情報を提供する	組織あるいは従業員の行動から影響を受ける消費者、顧客、患者その他の人々に情報を提供する

・**組織には、報告する（法的）義務がある。**さらに、組織には特定の事柄を当局（司法や規制当局）に対して報告する（法的）義務があると考えられる。

情報開示と報告が衝突することがある。また、異なる種類の報告が競合することもあり得る。このことは深刻な倫理的ジレンマを引き起こすので、次のような点について専門家個人と雇用組織がともに考える必要がある。

・組織が報告を奨励したいならば、情報開示は制限されざるを得ないだろう。情報が目的外使用されたり自分に不利に使われたりすることのないように、適切に保護されると感じたときにのみ、報告者は、誠実な仕事の中で起きてしまった「正直な失敗」の情報を提出するだろう。保護とは、報告された情報についてなんらかの機密が守られることを意味するが、これは（少なくとも当該情報についての）情報開示を不可能にする。

・逆に、個人による情報開示は、自分にとって（組織にとっても）不利となる法的な、あるいは他の反応を招くかもしれない。すると、個人、あるいは組織の報告意欲や情報開示意欲はそがれるだろう。

・組織が個人の行動について規制当局や司法当局に報告するならば、個人の報告意欲は（おそらく情報開示意欲も）低下するだろう。自分が関与した出来事に対して不公平な、あるいはありがたくない対応を受ける可能性があると感じるためである。

以前私がコンサルティングをしていた組織で、規制当局の女性が現場視察に来たことがあった。その規制官は、実務者の作業が規則と規制ルールに適合していないことを発見した。その後、彼女が組織の経営者に連絡してそれを話したところ、経営者はその実務者を厳しく叱責した。このことで、実務者と経営者の間の信頼と関係は壊されてしまった。このような経営者の反応のせいで報告意欲がそがれてしまったのである。規制官もまた、視察が組織的な問題解決のためでなく、個人の実務者への叱責のきっかけとして使われたことを知ったら喜ばないだろう。これではまるで、発見された問題に対する経営者自身の責任を、個人の実務者に押しつけたようなものである。

職業によっては、情報開示と報告の違いは明確ではないし、大した問題ではない場合もある。

・顧客と非常に親密に接触する専門職、例えば医療では、報告と情報開示は全く別の事柄である。
・サービスの相手と距離のある関係、例えば航空管制では、一人ひとりの航空管制官が顧客に直接情報開示する当事者になることはないので、情報開示と報告の区別は曖昧である。しかし、航空管制組織は情報開示の義務を負うと言えよう。

組織が情報開示あるいは報告をしないと、組織内の個人がおかした失敗はもはや「正直なもの」とみなされず、結果として組織はトラブルに陥る。個人においても同様である。第2章で紹介したヒースローでの747型機の事例やその他多くの事件で、こうした事態が起きていた。

情報開示の重要性、リスク、保護

起きたことに説明が与えられなければ、隠したことになる。そして、何かを隠さねばならないならば、起きたことはおそらく「正直な失敗」ではない。

イラク戦争における米軍パイロットによる英軍兵士の殺害は、「犯罪的で違法な行為」であり、殺人と同等であると、英国の検視官*は裁定した。二〇〇三年三月に亡くなったホース・マッテ

＊ 英国には「検視官裁判所（coroner's court）」という特有の制度があり、自然死ではない者の死因の調査、認定を検視官が行い、必要に応じて「検視陪審（coroner's jury）」を開廷して死因特定が行われる。

イ・ハル一等兵の遺族に対し、英国オクスフォードで行われた死因審問は、「完全に避け得た悲劇」と評決した。ハル一等兵の妻スーザンはこの評決を喜び、「私たち家族は、四年間この評決を待っていました」と語った。そして、パイロットが起訴されるのを見たいわけではないが、一貫して協力を拒否してきたアメリカ政府には「ひどくがっかりさせられてきました」と述べた。しスーザンは、英国国防省から事故当時のコックピットのビデオテープはないと言われていた。しかし、新聞がテープの内容を公開し、のちにインターネットに情報を掲示したことで、それは虚偽であることがわかった。テープには、二機の米軍A10ジェット機が英国近衛騎兵隊の護衛輸送車隊を地上掃射し、ハル一等兵が戦死したときの様子が映っていた。英国国防省はテープの扱いについて謝罪したが、アメリカ国防省は隠蔽があったことを否定し、殺害は事故だったとなおも主張した。

検視官アンドリュー・ウォーカーは、ハル一家が受けた扱いについて強く非難している。

「彼女たちが何度も要望したにもかかわらず、証拠を調べることは拒否され続けました。これは法廷でも同様でした。その証拠を見れば、ハル一等兵の死という悲劇を招いた出来事の顚末を理解するための十分な説明が得られるものでした。彼女たちが審理の過程を通じて非常な痛みと苦しみを味わったことは疑いなく、許しがたいことだと私は思います。(2)」

失敗についての情報を開示しないと、その失敗はもはや「正直な失敗」とみなされなくなることが多い。そしてひとたび失敗が「正直な失敗」ではないとみなされると、人々はもはや、その失敗をおかした人に何が起ころうと、あるいは情報開示を抑えることに責任があった集団（たとえば企業）がどうなろうと気にかけないだろう。こうなると、失敗は本当に高くつく――金銭的のみならず、望まないメディアへの露出、信頼と信用の喪失、規制当局による調査、時には法的措置が取られることもある。

起きた出来事だけではなく、組織が協力的でなかったために家族が激怒した事件のことを思い出す。その家族は、ある法的手続きのために、快適なホテルに宿泊するようにその組織から招待されていた。傷つけられ、がっかりした気持ちでいた彼らは、一番高額のルームサービスを頼み、それらをすべてゴミ箱に捨てた。組織に傷つけられた報復として、できる限り組織を傷つけようとしたのである。

情報を開示しないことはしばしば、非生産的で高くつく。沈黙は遅延工作と解釈され、「罪の意識」の証拠とみなされる。よく知られていることだが、医療訴訟はたいてい金銭を得るためではなく、発見の手段として用いられる。通常、人々は訴訟を起こしたくない（実際、ほとんどの人は起こさない）。人が訴訟に踏み切るときはほとんど必ず、何があったかを知るための他のすべての選択肢を試しつくした後である。(3) しかし、逆説的なことに、訴訟によって不幸な事件の周辺で起きた出来事がわかるという保証はない。むしろ、ひとたび事件が法廷に持ち込まれると、最初に傷つけられるのが「真実」である。関係者はみな、防衛的な立場に引きこもり、法的責任を問われないよう極力身を守るような言説を述べるばかりとなるだろう。

情報開示の倫理的義務

失敗に対して正直でない、あるいは謝罪しないことは、往々にして、失敗や不幸な出来事自体よりも関係を壊す原因となる。最初から「専門家対非専門家」という関係がある場合、たとえば医師—患者のような関係ではなおさら、正直であることが重要になる(4)。

一例をあげると、一九八一年のアメリカ医療協会の医療倫理規約にはこう述べられている。

いついかなるときも患者に対して正直かつ率直に接することは、医師の基本的要件である。……医師の失敗あるいは判断の結果として重篤な合併症を引き起こすという状況は、随時起こり得る。こうした状況で、医師には、何が起きたかを理解してもらうために、必要なすべての事実を患者に告げることが、倫理的に求められている。……相手を信頼して情報を開示した結果生じるかもしれない法的責任に関する配慮が、患者に対する医師の正直さに影響してはならない(5)。

これはめずらしい例である。専門家に正直であれと、このように明確に説く規約はほとんどないからである。また、どんな状況(「医師の失敗あるいは判断の結果として」)に規約の条項が該当するかについて、詳細に述べられている。さて、これはよい出発点である。しかし、なお大きな問題が残されている。「正直さ」とはどういう意味か？　正直であることは真実を語ることである。しかし、真実を語るとは「嘘をつかない」と言い換えることができる。もしそうならば、やはり完全な情報開示とは大きな隔たりがある。何を言うか、どの程度言うか、どのように言うかを決める際に、人はしばしば、規約や方針がせよと命じるものよりも、情報開示に伴うリスクを基準にするからである。

情報開示に伴うリスク

もし当事者が事情を明らかにしたら、業界や専門職集団内部の秩序や関係性が崩壊してしまうようなものであるならば、人は情報開示を全くしないか、せいぜいシステムの気まぐれや変動から身を守るために必要な、最低限の情報開示にとどめる方法を考えるだろう。

ナンシー・ベリンジャーは、医学教育の「隠れたカリキュラム」がどのように働いているかについて述べている。隠れたカリキュラムとは、公式のプログラムと平行して必ず自然発生的に生じる、非公式の徒弟教育である。そこで学生や研修医は、多くは実例を通して、自分自身や同僚の失敗についてどのように考え、人に話すかということを教わる。たとえば、「失敗」に対してどのように記述すると、それがもはや「失敗」ではなくなるかを学ぶ。失敗は以下のようなものに姿を変える。

- 「合併症」
- 「指示を守らない」患者のせいで

・「明らかに回避不可能な事故」
・「稀《まれ》に発生する、不可避かつ遺憾な出来事」
・「通常は害のない手順がもたらした、不運な合併症」(6)

医療の専門家はまた、隠れたカリキュラムから、失敗について医療専門家同士で話すときの話し方と、患者や家族や、内輪の専門家以外の人たちと話すときの別バージョンの話し方を学ぶ。失敗についてうまく説明できるストーリーは、患者とその家族に満足（のようなもの）を与えるだけでなく、懲戒や訴訟からも防衛してくれる。

ほとんどすべての専門職には隠れたカリキュラムがある。おそらくそこで専門家は、失敗を、何かもはや失敗ではないものに言い換える巧みなレトリック（話し方）を教えられる。おそらくそこで、当局や他の外部機関に真相を語ることを禁じる沈黙の掟「オメルタ」があることも学ぶ。

情報開示の保護

情報開示に対する保護は、何よりもまず組織や専門家が作る明文化された取り決めから提供されるべきだろう。情報開示の保護の一つの形は「アイム・ソーリー法（I'm sorry laws）」である。この種の法律では（現在は、アメリカのオレゴン州とコロラド州で施行されている）、医師は患者に自分が失敗をおかしたと謝罪することができる。法律は、訴訟や起訴からの免責を提供するものではないが、謝罪発言が法廷で証拠として使われることを防ぐ。結果が医師にとって否定的なものになることを防ぎはしないが、少なくとも開示された情報内容を当人への攻撃に直接使うことはできない（プロローグのＩＣＵの看護師の場合は、開示した情報が攻撃に使われた）。もちろん、このような保護に対して論争がないわけではない。人が失敗をおかしたとき、それを潔く白状するだけではなく、その結果と向き合うことが必要ではないだろうか？　このような居心地のよい保護を与えられている専門職が他にあるだろうか？　様々な倫理的原則に関する議論は、このあたりから始まる。

正直であるとは？

さて、正直である、すなわち報告で真実を述べるとは、実際どういうことなのか？　本書では、これまでに様々なケースを見てきた。

・キシロカイン事件の看護師は、子どもの死に対する自分の役割を正直に報告したことでトラブルに陥った。
・管理職が報告システムの責任を負っている場合、実務者たちは何が起こったかについて、一つのストーリーを話すことが多い。それが「真実」であるかどうかは、ほとんど関係がない。失敗やインシデントの影響を、誰にとってもできるだけ小さなものにするストーリーなのである。
・法廷に出ると、実務者はさらに別のストーリーを話すだろう。ここでも、その話が正直な真実であるかどうかは問題ではない（法制度はしばしば、人々から真実を引き出せるという全く見当違いの主張をする)。それは、裁判にかけられたという悪い結果が、さらに悪いほうに転落していくのをなんとか食い止めるためのストーリーである。

・患者に起きたことについて家族に正直に情報開示するとき、たいてい医療者は隠れたカリキュラムで学んだことからの影響を受けている。

ここで疑問が浮かんでくる。正直さはそれ自体が目標なのか? おそらく正直であることによって、以下のようなより大きな目標を実現させなければならない。

・失敗から学び、安全を向上させる。
・その結果として公正さを達成する。

これらは、公共の美徳に貢献する二つの目標である。考えるに、純粋な正直さは、時にこの公共の美徳を弱めることがある。たとえば、プロローグの看護師が正直に報告した結果、裁判にかけられたとき、公正さと安全性の両方が傷つけられた。正直さ、あるいは真実を語る――それがするべき「正しい」ことだからという理由で、結果がどうなるかによらず、常にそうするべきだろうか。

ディートリッヒ・ボンホッファは、一九四三年、ナチスドイツ政権下のベルリンのテーゲル刑務所の監房で、この問題について力強いエッセイを書いている。彼はヒトラー政権打倒計画の容疑で逮捕されたが、その計画は彼と家族が実際に深く関与していたものだった。[7] もしも彼が真実を話したら、家族は死刑になるだろう。彼が真実を話したら、共謀者たちがどこに隠れているかを明かさざるを得ない。では、話さないことで、彼は嘘つきになるのか？ ナチスの命令と拷問の前に、彼は不道徳で非倫理的と言えるか？ ボンホッファは情報開示しないことを決意し、徹底的に敵を欺いた。

現代の専門家たちが真実を話すことを取り巻く状況は、ボンホッファの場合ほどには絶望的で容易ならざるものではないかもしれない（ボンホッファは、戦争終結直前の一九四五年四月、強制収容所で処刑された）。しかし、彼の思考には、今日、情報開示や報告について考える人々のおそれと同様の感覚を垣間見ることができる。システムの現状を維持し、それらを守るようなストーリーではなく、全くの真実を語ったらどうなるのか？ ボンホッファは、真実を語ることの道徳性と認識論を区別した。それはここでも役立つだろう。

- 真実を話すことの**認識論**は、提供する知識の妥当性や範囲に関連する。その意味で、ボンホッファは真実を話していない（しかし、キシロカイン事件の看護師は、真実を話した）。
- 真実を話すことの**道徳性**は、真実を要求している現実状況の理解に関連する。状況が複雑になるほど、真実を語ることが厄介な事態を引き起こす（キシロカイン事件の看護師はそうしなかったほうがよかったかもしれないが、すべきではあった）。

情報開示しなかったボンホッファの目標は自己防衛ではなく、ナチスの殺人機械を破壊する努力をしている同志たちを守ることだった。ゆえに、最も弱いものの視点を受け入れた。彼を拷問する者たちが真実を知りたがったのは倫理に反していた。ボンホッファが真実を隠したことよりも、はるかに非倫理的だった。

これをキシロカイン事件のマーラ看護師が直面した状況に置き換えてみよう（あるいは第2章の機長や、第1章のジュリー看護師の場合でもよいだろう）。その場合、権力の座にある検察や裁判官が完全な真実を要求することは、こうした専門家が真実のある一面のみしか提供しないことよりも、倫理的とまではいかないかもしれない。

航空会社が求め、また病院の行動指針にもあったように、何よりもまず正直さを求めることは妥当なことである。このとき、正直さは説明責任と学習という、より大きな目標に寄与できる。マーラ看護師が行ったようにこの求めに応えることもやはり理に適っており、説明しようという正直な試みであり、おそらく病院が学習することを助けるはずのものだっただろう。逆に第2章の機長のように、正直であれという要求に応えないことは、多分愚かで不適切だったのである（しかし私たちは、その航空会社がこれまで報告者やその失敗に対してどんな態度を示してきたかを知らない）。

しかし、法廷に出て、そこで正直さを要求されたら、どちらの事例でも問題は違ってくる。裁判でひとたび当事者が互いに敵対する位置についたら、そこは一方が他方を叩き潰すことが許される場なので、正直さの倫理は全く新しい力関係の中に置かれる。裁判で正直さを求めることは、結局、非常に狭い範囲の利益になっただけである。たとえば、企業や病院の評判を守る、あるいは法的圧力からそれらを防衛するといったことである。あるいは、航空会社に日常的に既存ルールの適用免除を与えてきた航空当局（検察の雇用主である国の一部）の責任は追及されなかった――第2章のインシデントでは、ルールの日常的な適用免除に問題があった。ボンホッファと異なり（彼はすさまじい圧力にさらされたに違いないのだが）、これらの裁判ではそれぞれの集団の最優先の目的は自己防衛となってしまった。

弱い立場にある人々に正直さを無理強いすることは、公正でもないし、安全でもない。それは、「説明責任を求める声を満足させる」と「学習を助ける」という、二つの目標に、役立つストーリーをもたらさないし、公正な文化に全く寄与しないだろう。

第5章　すべての失敗は同等か？

もしあなたが失敗を報告もしくは開示する場合、もしくは、あなたの組織がインシデントについての情報を開示する場合に、どのようなリスクが伴うだろうか？　引き続きこの問題を考えよう。開示・報告に伴うリスクは、組織の文化だけに依存するわけではない。もちろん、もしその文化が、本書が考えるような意味で「公正」であるならば、説明責任に対する要求に対応することと、安全に資する改善を行うこととの間のバランスをうまく取るだろう。失敗は、学習する機会とみなされるだろうし、説明責任は、失敗からの学習が実行されたことを確証することにあると明言されるだろう。

しかし、それでも、すべての失敗や事故が同じように扱われるとは限らない。言い換えれば、すべての失敗が同等に「許される」わけではない。この章では、多くの職業で用いられる一つの基本的な区分、すなわち、技術的エラーと規範的エラーを比較しよう。

技術的エラー　対　規範的エラー

多くの専門職は、失敗や事故をどのように扱うかでエラーを区別する。社会学者のチャールズ・ボスクは、外科医が患者を傷つけそうになった（あるいは実際に傷つけた）エラーの扱い方を研究した結果、注目すべきパターンを発見した。すなわち、外科医や他の医師らは、彼が技術的エラーと規範的エラーと名づけた区分を行っていたのである。[1] 技術的になったり規範的になったりするのはエラーそのものではない。エラーは、人々の見方、彼らがエラーの中に何を見たか、エラーについてどのように話したか、エラーに対してどのように対応したかによって、技術的または規範的になったのである。

この区分は、組織（もしくは周りの社会）がエラーに対処する準備を整える上で、強い影響を及ぼし得る。あるエラーを規範的なものとみなすか技術的なものとみなすかは、説明責任を要求することと学習を促進することに対して、広範囲にわたる影響を及ぼす。

技術的エラー＝職務のエラー　技術的な失敗とは、実務者が精一杯その職務を果たしているにもかかわらず、今のスキルがその課題の要求する水準に及ばない場合である。

たとえば、ハードランディングにはパイロットの未熟で磨かれていないスキルの影響があるだろう。技術的エラーは指導教官や仲間が「仕事のコツ」を伝えるためのよい機会となる（たとえば、「着地寸前の滑空時に視線を前方に移し始めなさい」）。

人々は重大な技術の欠落でさえ、実践的学習の自然な副産物とみなし、完全に許すことができる。

技術的エラーは、プロセスやそのシステムの物理的取り扱いと結びつくものだけではない。そのシステムで働く他者、たとえば、管制官、看護師、夜間警備員、医師などとの相互作用も含む。問題の人物が調整の必要を感じた（そして、それを実際に行った）のに、そのシステムにおける他のメンバーの立場に配慮するだけの、経験や十分なスキルを持っていなかった場合などがそれに当たる。

技術的エラーとして分類されるには以下の二つの条件を満たさなければならない。

- 一つめは、当然ながら頻度と深刻さが経験の蓄積とともに減少しなければならない。ある人が同じ失敗を何度も何度もおかしたならば、純粋に技術的なものとして見るのは難しい。しかしながら、その失敗をおかす人物が、学習や安全性の向上に意欲を示している限り、その人物はまだ自らの職務を誠実に果たしていると言える。
- 技術的エラーの二つめの条件は、学習や改善への機会として、当事者がエラーを否定してはならないということである。もし、実務者が自分の仕事の出来栄えが悪いことをわかっていて、それをなんとかしようと努力しているならよいが、出来栄えの悪さを人のせいにするようなら、指導員や監督者、管理者（もしくは法廷）は、もはや彼のエラーを純粋な技術的エラーとはみなさないだろう。

ある教官パイロットは次のような報告をしている。

「私たちは悪天候のため、代替空港への進入許可を得ていました。ところが、私たちがその代替空港へ周回進入を始めたとき、別の旅客機が同じ無線周波数に入ってきて、反対側の滑走路のＩＬＳ（計器着陸システム）を使う許可を受けました。視界が十分に良好だったにもかかわらず、訓練生は自分が最初に決めた進入開始地点に向かって進み続け、機首を滑走路に向けようとはしませんでした。彼は逆サイドから旅客機が来る前に旋回を開始してほしいとの管制官のヒントに全く気づかなかったのです。その訓練生が着陸を急がなかったので、私は操縦を代わり、機首を滑走路に向けました。そして、旅客機が来る前に無事着陸しました。しかしながら、ディブリーフィング中に訓練生は私がコントロールしたことを非難し、忙しくて状況が変わりやすい空港において他の航空機と『うまくやる』ことの学習機会として、その出来事を受け入れることを拒否しました。彼は私が操縦を代わったことを侮辱だと感じたのです。」

経験の少ない専門家は、自分の仕事中の状況の変化にあまり敏感でない場合がある。彼らは、どの手がかりが重要で、その手がかりにどう対応すればよいかをまだ学習していないだけである。このような鈍感さを、人々は訓練中にはありがちな技術的な問題として見るだろうし、啓発の機会ともなるはずだと考えるだろう。状況が変化しているときに、最初の予定に固執することや、型通りに行動することは、問題発生や事故につながる場合がある。変化する目標に適応するため、時には教科書の原則や決められた作法を曲げなければならないことも多い。そうでなければ専門家は追いつめられてしまう。「手術は成功したが患者は死んだ」ということになりかねないのだ。技術的エラーの利益は、たいていは不利益にまさる。様々なオペレーションの世界において、熟練した実務者と未熟な実務者（もしくは教官と生徒）の間で、作業の分担が固定されない理由の一部はこのためである。もちろん、基礎の課題で熟達が見られるまでは、複雑な課題に進まないようにしているが。

ボスクは、カール（外科のインターン）がチーフレジデント*のマークの補佐を受けて、どのように切開部を縫合したかを伝えている。カールは落ち着きがなかった。彼はマークに向かって、「私にはできません」と言った。マークは「できないとはどういうことだ？　できないなんて言うな。もちろん、君はできる」と言った。「いいえ、自分はちゃんとできそうにありません」と、カールは何度も縫い目を入れてはやり直した。適度な強さで皮膚を縫合することができなかったからである。マークは「こんなの簡単だよ」と応じて、カールの手をつかんで、「コツは縫い針をこの角度で保つことだ。それからこうやって縫っていくんだ」と言った。一通りカールに見本を示して、「じゃあ、やってみよう」と、マークはカールに自分で残りをなんとかやらせた。(2)

＊　インターンは卒業後一年目の研修医で、許される医療行為に制限がある。レジデントは卒業後二年目以降の医師で、病院治療の中核を担う。チーフレジデントは通常五～六年程度のレジデント経験を持ち、日本の大学病院の病棟医長あるいは医局長くらいの地位に相当する。

もし、援助が必要ならば、ほとんどの場合、可能なのは次の二つの対応だけである。

・言葉でヒントや助言を与える。
・上司が全部を肩代わりする。

後者は、時間的にすばやいパフォーマンスが求められるか、当初に想定していたよりも複雑な課題だとわかった際に行われる。あるいは、部下が自分の技量では不十分だと感じて実行をためらった場合にも起こり得る。先の事例はこの例として当てはまるだろう。訓練生は、教官が自分の都合で仕事を押しつけたと思ったかもしれない。指導教官や監督者、管理者たちにとって難しいのは、失敗を許容することで実務者が得る学びが、失敗の回避や手助け、やり方を手とり足とり教えることよりも、価値が大きいかどうかを判断することである。

ボスクは別の例として、脊髄造影（脊髄液の抜き取りと脊髄腔への造影剤の注入を含む診断手続き）の難しさについて書いている。脊髄造影がエックハートという男性患者に必要となった。上級生が下級生にやり方を教えた。彼らは適切な位置に針を刺そうと試みたが、うまくいかなかった。何回かしくじった後、上級生は下級生に対して「ポール先生を呼んでこい」と指示した。ポール医師（二年目のレジデント）が来て、その状況を調べた。患者の背中を検査した後で、彼は失敗に対して過度に謝る学生たちに、「心配するな、問題はエックハートさんの体の解剖学的構造にあって君たちの技術の問題ではないよ」と言った。その後彼は学生たちに説明しながら難しい造影をやり遂げた。(3)

専門家は失敗することをおそれるべきではない。おかした失敗から学ばないことをおそれるべきである。ボスクの研究は、学習中の外科医（ということは、ほぼすべての外科医）にとって、厳しい自己評価がいかに強く促され、期待されているかを示した。誰もが失敗をおかし得るが、失敗は一般的には管理可能なのである。

逆に、否定的もしくは防衛的な姿勢を取ることは、そのような学習を促進しない。それにより、訓練生や部下は、失敗を消し去りたい恥ずべき経験と感じたり、無視すべき無関係なものと思ったりするため、自分の失敗を認めない傾向を生む。技術的エラーが起きたことを否定することは、エラーが訓練に伴う避けられない副産物であるという考えと一致しないだけではない。学習の機会を逃すことになるのだ。

実践から学ぶタイプの仕事では、次のことが定説となっている。すなわち、「技術的エラーとその結果は認められるものであり、肯定的な経験、学習、改善の好機である」。この暗黙の契約に従わないことは、もはや技術的エラーではなく、規範的エラーである。

規範的エラー＝職務を担うことのエラー　技術的エラーは、専門家の訓練や経験の水準に関連している。規範的エラーは、仕事に対する専門家自身の態度に関係している。規範的エラーは、勤勉に職務義務を果たさない専門家がおかすミスである。

・技術的エラーは上司と部下のどちらにも時間外の労働を生み出す。しかしながら、そのことは妥当なもの――仕事の一部であり、行動による学習と継続的な改善の不可避な部分である――とみなされる。

・しかしながら、規範的エラーの時間外労働は不必要とみなされる。

専門家が自らに許された職務範囲を逸脱するとき、規範的エラーが発生する場合がある。

あるベテラン機長は、規範的エラーとして考えられる一つの事例を私に教えてくれた。「私が休憩する番でした」と機長は言った。

「私はいつもするように、副操縦士と航空機関士に『もし何かあったら私に報せるように。決して自分一人で行動するな。ヒーローになろうとするな。現状を維持して私を呼びなさい。私の休憩中でも睡眠中でもかまわない。たいていの場合は、なんでもないよと言ってまた寝に戻るだろうけど。その後で目が覚めたときには、君たちが私を呼んだことさえ忘れているだろうが、とにかく私を呼びなさい』と伝えました。私が休憩から戻ったとき、休憩中に機械的な故障が生じていたことを知りました。私の席に座っていた副操縦士は、その状況をうまく処理してすっかりくつろいでいました。私は怒りました。『なぜ私を呼ばなかったんだ』と。次の乗務で彼を信用できるでしょうか？　最終責任を負うのは私なんです。だから私は、何が起きているかを知らなきゃならないのです。」

公的には責任のない、二名の若い乗員だけで問題に対処した事態は、起きたかもしれない（機長の目から見れば必ず起きたであろう）大きなトラブルには発展せずに終わった。もちろん、上司を呼び出すのもよしあしである。

・上司は、呼び出しが無用で愚かなことと考え、そのせいで不機嫌になるかもしれない（上記の例の副操縦士はそう予期し、その結果、誤った判断をした）。
・部下は、学習の機会を手に入れ、自分自身で問題解決した満足感を得る。

しかし、呼び出すなという無言の圧力があったとしても、疑わしい場合の安全な選択は、常に呼び出すことである。つまり、多くのケースで、いかに部下の乗員が自身の職務義務を返上するかである。これらの義務を果たすことが部下の職務を逸脱することによってのみ可能となる場合もある。あるチーフ・パイロットが以前、私に次のように語った。

わが社の問題は、必要な状況においてもテイクオーバー（操縦を代わること）をしない副操縦士がいることです。なぜわが社の航空機はあんなに頻繁に（ある特定の地域の）滑走路への不安定なアプローチをするのでしょう？　もし機長が操縦しているのなら、副操縦士はまず機長が決められた範囲から外れていることを指摘するべきであり、もしそれでもうまくできないならば、彼がテイクオーバーするべきです。なぜそうしないのか？　何がそれを妨げているのでしょう？

そのチーフ・パイロットは、複雑なシステムにおける安全の構築のために必要な事柄を指摘した。すなわち、職務権限と形式的な上下関係からの逸脱をおそれないことである。そして、彼の会社にはそれが欠けていると指摘した。職務と力関係は結びつきやすい（機長と副操縦士や、医師と看護師のように）。そして、様々な教育手法（たとえば、運航乗務員や医療者のCRM訓練、[*]航空管制におけるチーム資源管理、船員の船橋資源管理など）は、職務の境界線を和らげたり、階層をフラットにさせることに役立つ。これらの教育は立場の調整と情報の共有に対する機会を増やそうとする。このような教育が行われないと、彼らは自分自身の職責も果たすことができなくなる。さらに、職務に本来備わっている柔軟さを認めないことにつながるだろう。

エラーと、報告及び情報公開の重要性

ここで前の二章のテーマを再考しよう。開かれた議論の中や、失敗から学ぼうとする際に「正直」でない実務者は、専門家の責任の規範に違反しているとみなされるだろう。

これはそれほど奇妙なことではない。公正な文化が重要だと考えられている業界では、実務の中で起こり得るすべての問題を予期することはとても難しい。経験したことのないことも常に起こり得るのだ。単純にその種の問題に出会わなかっただけの場合もあれば、そのような形では現れなかった場合もある。実際、資源の限界と不確実性のある複雑でダイナミックな業務環境において、統計上の現実として失敗はなくならない。

技術的エラーが被害をもたらす可能性がゼロになることはない。安全の構築の基になる知識基盤が永久に不完全であり続けるような世界では、多くの人はエラーの開示と議論、失敗からの学習が重要であると確信している。それが行われなければ、「正直な」技術的エラーであっても、「正直でない」規範的エラーとみなされる。

＊　ＣＲＭとは「クルー・リソース・マネジメント」の略。新しいタイプのパイロット訓練手法として一九七〇年代に始まり、現在では様々な職種の安全教育に応用されている。

ている。

「隠すことは全く本当に許されるものではありません」と、ボスクはある指導医の言葉を引用している。

「研修医が情報を隠すたびに、それが誰かの命にかかわるかもしれないということを自覚させるべきです。この仕事では今、エラーを認めることは強い自信と十分な熟練がなければできません。しかし、そのことは問題ではありません。ミスがないということは少ない。あらゆるところに疾病の、あるいは死の可能性があります。たとえば、手術室から戻ってきた患者の尿が出ていないとしましょう。そして、研修医はそのことに気づかないか、深刻なことではないと決めつけていて、その患者に導尿をせず、私にも報告しなかったとします。その後、患者の膀胱は膨れ上がり、膀胱内の異物が感染を引き起こします。感染は敗血症となり、死に至る可能性があります。研修医の失敗はこの患者から余分な入院費として数百ドルを奪い、もしかしたら命を奪うかもしれません。すべての失敗には、それと結びついたコストがあるのです。何がしかのコストは避けられませんが、失敗を最小化することはすべての医療者の義務です。そのためには完全な情報の開示が必要なのです。(4)」

報告もしくは開示し、議論し、学習するという義務は私たちの考える公正な文化が機能するための要件と思われる。しかし、前の章で見てきたように、「正直さ」と包み隠さぬ説明は、多くの実務者にとって危険なように思われる。事後にならどのようなエラーの説明も可能である。技術的エラー

（たとえば、特定の薬、手続き、あるいはある種の患者に対する経験不足による治療の失敗や薬の誤処方）は容易に規範的エラーに転じ得る。より大きな説明責任（刑事裁判のように）を伴って。

結果を知ること　この議論にしばしば加わる別の側面が、「後知恵」である。ある失敗がひどい結果をもたらしたときに、人々は、その失敗を結果が悪くなかった場合よりも、罪が重いものとみなしがちである。言い換えれば、より詳しい説明を求める。これは奇妙なことである。なぜなら同じ失敗が、（たとえば結果を知らない場合には）全く異なる評価を受ける可能性があるからである。その場合、エラーは悪質でも過失でもないとみなされ、説明を求められることもない。つまり、私たちがどのように失敗の結果を扱うかには、後知恵が大きな役割を担うのである。次の章では、そのような事例を一つ見てみよう。それは、一つの角度からは正常な専門家の業務であり、妥当で理に適って見えるが、別の角度からは過失とみなされる事例である。二つの見方の分かれ目は後知恵である。すなわち、その後、何が起きたかを知っているか否かである。

第6章　後知恵による責任追及

ある店が突然火事になる話を歌ったスウェーデンの童謡がある。消防士が現れて、やるべき仕事を行い、火を消すのに成功した。歌の終わりは、「考えてみよう、誰も傷つかなかった。あなたたちは偉大な仕事をした」というものだ。同様のことがオランダの格言にある。終わりよければ、すべてよし、と。

私たちは、もしある結果がよければ、それゆえに、その結果につながるプロセスもよかったに違いないとみなす。逆もまた真なりで、結果が悪いときは誰かがよい仕事をしなかったのだと結論を下す。

これは、患者が医師を訴えるときに得る補償額にも反映される。患者の傷害の重大さは、補償額の大きさを決める最も強い要因である。傷害がひどいほど、補償が大きい。そのため、医師たちは、賠償責任は提供する治療の質には関係せず、コントロールできない治療の結果と相関があると信じている。(1)

人々に共通の反応がある――結果が悪ければ悪いほど、より説明を求めたいと感じるのである。これは奇妙なことである。悪い結果につながったプロセスは、うまく行ったときのものと大して違わないかもしれないのに。

考えてみよう。もし麻酔の管理中にうたた寝すれば、患者に被害が出ようと出なかろうと過失がありり悪いことである[2]。

また、どんなに質のよいプロセスであっても、専門家の仕事が本質的に複雑で、不確実で、流動的なために、悪い結果が起こり得る。

後知恵バイアス

結果が悪かったと知ることは、私たちがその結果をもたらした行動をどのように見るかに影響する。私たちは失敗を探そうとする傾向を強める。あるいは過失責任までも探そうとする。私たちは「許されるもの」として行動を見ようとしなくなる。結果が悪くなればなるほど、多くの失敗が目につき、関係者が説明しなければならない様々な事柄を発見する。それは以下の理由による。

・事故後、特に（患者の死亡や滑走路上での大破を伴うような）大事故後には、当事者がいつどこで失敗したのか、何をすべきであったのか、何を避けるべきであったのかを見つけるのは簡単である。
・後知恵を使って、重大だと判明したデータについて、当事者が「これに気づくべきであった」と判断することは容易である。
・後知恵を使って、人々が予見し防ぐべき被害をはっきりと見つけることは容易である。その被害はすでに起きているのだから。このため、人の行動は容易に「過失」の基準に到達する。
・後知恵で責任追及することは非生産的である。外科医同様、他の専門職も組織も悪い結果の説明を可能にする方法に力を入れるだろう。より官僚的になり、こまごました文書を作成し、防衛医療に走るだろう。このような対応は、実際に業務を安全にすることにはほとんど何も寄与しない。
・後知恵バイアスは心理学の定説であるにもかかわらず、インシデント・レポートも司法の手続きも（ともに説明責任に関係のあるシステムなのだが）、後知恵バイアスに対して基本的には全く無防備である。

アンソニー・ヒドン卿（イギリスのクラッパム・ジャンクションで起きた大鉄道事故の調査委員長）は、次のように書いている。

「後知恵を使って判断すれば、人間のどんな行動にも判断にも欠陥があり、分別に欠けるように見えるものである。評論家は常にその事実に注意を払い続けることが重要である(3)」。

もし、ヒドン卿の警告に注意を払わなければ、後知恵バイアスは、私たちが過去の出来事をどのように判断するかについて強い影響を持つだろう。後知恵は次のようなバイアスを生む。

・因果関係を簡略化しすぎる（「これがあれにつながった」と）。なぜなら、私たちは結果と理由からさかのぼって、一見それらしい原因を推定することができるからである。
・結果の見込み（とそれを予見する能力）を過大評価する。なぜなら、私たちはすでに自分の手の中に結果をつかんでいるからである。
・規則や手続きに対する「違反」を過大評価する。マニュアルと実際の活動の間には常にギャップがある（そしてこれはめったにトラブルにつながらない）のだが、私たちが悪い結果を見てから振返って理由を考えると、そのギャップは重大な原因とみなされる。
・当事者に与えられた情報の、その時点での重要性、関連性を誤判断する。
・結果の前に行った行動と結果とをつり合わせる。もし結果が悪ければ、それをもたらした行動も悪いものだったに違いないと考える。すなわち、チャンスを逃した、見通しが悪かった、判断ミスや見間違いをした、などと。

旅客機の撃墜

意思決定の研究者であるツヴィ・ラニールは、一九七三年にイスラエルの戦闘機とリビアの旅客機が遭遇した時の話を二つの視点から語っている――イスラエル戦闘機側の視点からと、リビアの旅客機側の視点からである。(4) これは極めて有効な方法であるので、ここでもそのように二つの視点から伝える。本当の結果を知らなければ、イスラエルの行動が理に適ったもので、責任はほとんどないと思える。意思決定過程に小さなミスがあったかもしれないと思える程度である。

・事件は白昼に起こった。事件は、イスラエル軍司令部から三〇〇キロメートルも離れていないところで始まり、一五分間で結末を迎えた。
・イスラエル側の関係者は互いに顔見知りで、その空域のことを十分に熟知しており、長い経歴の中で迅速な決定が要求される危機をともに切り抜けてきた。
・情報伝達や指揮命令系統に問題があるという証拠はなかった。
・事件が起きたときに、たまたまイスラエルの空軍司令官が中央司令センターにいて、事態の進行を直接把握していた。
・イスラエル軍の参謀長も事件の間、電話をつなぎ放しにして情報を得ていた。

言い換えれば、結果をもたらしたプロセスにはほとんど問題がみられないことは明らかである。いや、むしろ完璧と言ってよい――参謀長は難しい戦略上の意味を解釈するためにスタンバイしていた。空軍司令官は決定がなされる中央司令センターにおり、コミュニケーションや指揮系統の乱れは起こらなかった。もし、結果がイスラエル側の想定したものであれば、説明責任はないか、あっても少なかったであろう。物事は予定通り、訓練通り、予期した通りに進み、結果は成功だった。

しかしその一方で、ひとたび本当の結果（リビア航空機の実像）を知ってしまうと、私たちは同じプロセスのあらゆる側面に疑問を感じる理由を見出すのである。参謀長が関与したことは正しく、賢明であったのか？　空軍司令官の存在はどうなのか？　コミュニケーションや組織系統における緊密性ゆえに、「ちょっと待て、俺たちが今していることは正しいのか？」などとは、誰も口を挟めなかったのではないか？　同じプロセスは、その本当の結果を知ったことによって、異なる様相となる。そして、異なる説明責任が生じる。訴えられた医師と同様に、結果が悪ければ悪いほど、より多くの説明を要する。その結果に至ったプロセスに関係なく。

通常の技術的かつ専門的エラー

一九七三年初頭、イスラエルの諜報機関は、アラブ人テロリストによる自爆テロの可能性について報告を受けていた。それは、民間航空機をハイジャックし、その航空機でシナイ砂漠を飛び越えて、イスラエルのディモナにある核施設やビアシェバにある他の目標へ自爆テロを行う計画であった。二月二一日、そのシナリオが動き出したようだ。その日は、砂嵐がエジプトとシナイ砂漠のほとんどを覆っていた。

一三時五四分、イスラエルのレーダーは、スエズ湾から北東へ向けて高度二万フィート（約六〇〇〇メートル）で飛行中の航空機を感知した。そのルートは、エジプトの戦闘機がイスラエルの空域に侵入するために利用する「敵対ルート」とイスラエル側が呼んでいるものと一致しているようであった。イスラエル側は、エジプトの地上部隊はおそらく厳戒態勢にあり、極めて探知能力が高いと考えていたので、その航空機に対して何の反応も示さなかったということは、エジプトがテロリストと共謀していることを示唆していた。

二分後、イスラエル側は侵入者を特定し、必要があれば迎撃するために、二機のF-4ファントム戦闘機を送った。わずか一分後に、彼らはその航空機を発見した。それはリビアの民間航空機だった。イスラエル軍パイロットは、コックピットにリビア人クルーが見え、彼らもこちらを見て間違いなく自分たちに気づいた、と地上に無線で報告した（すべてのイスラエル戦闘機には、ダビデ王の盾が目立つように表示されている）。

当時、イスラエルは、リビアがアラブ人テロリストを支援していると考えていた。そのため、ファントムは、侵入している航空機に対し、降下してイスラエル南部のすぐ近くにあるレフィディム空軍基地に着陸するよう命令しろ、と指示された。情報伝達の機会が少なく誤解のチャンスが極めて大きい緊迫時の混乱を防ぐことを目的にした、空域侵犯に対する国際ルールがある。迎撃機は無線で信号を送るとともに、翼を振ることになっている。一方、迎撃された航空機は同様の信号で応え、航空管制施設に迎撃機と接触しているということを伝え、迎撃機と無線による交信を試みなければならない。

リビアの航空機はこのような行動を何も取らなかった。航空機は、同じ高度で北東にまっすぐ飛び続けた。その後、イスラエルのパイロットの一人が航空機に近寄り、その右コックピット窓の横数メートルの距離を飛んだ。リビアの副操縦士はそのイスラエルのパイロットをまっすぐ見ていた。その後、副操縦士は何が起こっているかを理解し、迎撃者に従おうとすることを示す合図を送ったように見えた。しかし、航空機は航路を変えず、降下もしなかった。

一四時〇一分、イスラエル側はリビア航空機がただちに命令に従うよう、機首の前に高発光性の閃光弾を発射することを決定した。今度は反応があった。航空機は降下し、レフィディム空軍基地のほうへ向かった。しかし、その後、機体が高度五〇〇〇フィート（一五〇〇メートル）まで降下してランディングギア（車輪）を降ろしたとき、クルーの気は変わったようであった。突然、アプローチを中止し、着陸装置を格納して再上昇を行い、西へ向かったのである。あたかも逃げ去ろうとするように。

イスラエル側は当惑した――旅客機の機長の最優先事項は乗客の安全である。このリビア人クルーのしている行動は、乗客を守ることに全く関心がないことを示していた。おそらくこの旅客機はハイジャックされ、乗客・乗員が人質になっているか、あるいは乗客が最初から乗っていないかであろう。だが、これらはまだ仮定にすぎない。専門家であるならば、二重にチェックするのが正しい行動である。イスラエル空軍司令官は、ファントムがもう一度近くで観察するべきであると決めた。一四時〇五分、ファントムの一機がリビア機の数メートルそばを飛び、すべての窓のブラインドが下ろされていると報告した。空軍司令官はテロ攻撃が試みられ、中止されたのだとますます確信を強めた。今取り逃がすと、次の攻撃の機会を与えるだけだろう。

一四時〇八分、リビア機を強制的に着陸させるため、司令官はパイロットに翼の先端に発砲せよと命令を下した。その命令は実行された。しかし、右翼の先端に攻撃を受けても、リビア機は命令に従わず、西に飛び続けた。イスラエル側はすべての国際無線チャンネルを開いたが、この航空機とは連絡が取れなかった。二分後、イスラエルの戦闘機は翼の根元に発砲する命令を受けた。これは航空機を降下させ、うまくいけば、平らな砂漠に不時着させることが狙いであった。しかし着陸は失敗した。一四時一一分、航空機は大破・炎上した。

規範的エラーすなわち有責性のある失敗

もし、地上に落ちた機体の残骸の中にいたのが、乗客ではなくテロリストたちだったのならば、イスラエル空軍関係者の決定は当然で妥当なものと証明されただろう。過失を主張する根拠はなさそうである。しかし、後でわかったことだが、リビア機には乗客がいた。一一六人の乗員・乗客のうち、一一〇名が墜落事故で死んだ。

コックピットのボイスレコーダーは完全に異なる実態、異なる「真実」を明らかにした。コックピット内には三人がいた。フランス人機長、リビア人副操縦士、そして二人の後ろに座っているフランス人航空機関士である。機長と航空機関士はワインを飲みながらフランス語でずっとお喋りをしていた。副操縦士はフランス語の理解が十分でなかったので、彼らが何について話しているのか全くわからなかった。初めはエジプト上空を飛行していたが、その後、予定していた航路から七〇マイル（約一三〇キロメートル）以上外れて、イスラエルの戦闘空域を飛行していたことに、クルーは誰一人として気づいていなかったのである。

一三時四四分、機長は初めて位置が不確かであると気づいた。副操縦士と協議する代わりに、機長は航空機関士と位置を調べ始めた（航空機関士の席には航法計器がついていなかった）が、カイロ・アプローチの管制官にはこの疑念を報告しなかった。一三時五二分、機長はカイロ・アプローチからカイロ国際空港に向かって降下し始める許可を得た。一三時五六分、未だに位置について不確かなので、機長はカイロの無線位置標識の信号（ビーコン）を受けようと試みた。だが、それは元の飛行プランから予期していたものとは反対の方向にあった（空港は、今や背後にますます遠く離れていった）。

事態をもっとはっきりさせたいと思いつつも、カイロ・アプローチからは何も言ってこなかったので、クルーは現在の進路を飛行し続けた。その後、一三時五九分、予定の航路から外れて飛行しているということをクルーに伝える無線がカイロ・アプローチから届いた。クルーは「位置標識の信号に従って飛行し、位置を報告せよ」と言われた。リビア人副操縦士がここで初めて信号が受信できないと報告した。

一四時〇〇分、カイロ・アプローチは無線をカイロの空域管制に切り替えるよう求めた。これは、彼らが空港から近い位置にいると信じているという表れである。二分後、クルーは空域管制に、もう一つの信号（およそ五〇キロメートルの有効距離を持つカイロNDB、すなわち無指向性無線標識）を受信できないことを伝えた。しかし、彼らは位置が不確かなことは伝えなかった。カイロの管制官は旅客機に高度四〇〇〇フィート（一二〇〇メートル）まで降下するよう求めた。

その直後に、副操縦士はイスラエルのファントムをソビエト製のエジプト戦闘機と間違え、後方に

「四機のミグ」がいると報告した。機長は進行方向に問題があるのではないかという推測と、現在四機のミグが後方にいるということを管制に伝えた。機長は航空機の位置をはっきりさせる手助けをカイロの管制官に求めた。管制官は地上の無線標識は正常に動作していることを伝え、彼らもレーダー旅客機を探す手伝いをすることを約束した。

この頃、ファントムの一機が副操縦士側の窓の近くを飛行した。副操縦士は合図を返し、機長と航空機関士にそのことを伝えるために振り向いた。機長は、また航空機関士とフランス語で話し始め、戦闘機からの合図について腹立たしげに文句を言っていた。副操縦士はその内容を理解できなかった。

一四時〇六分、カイロの管制官はレーダーで旅客機の位置を把握できない（旅客機がレーダーの圏内から外れており、おそらく彼らが予期したほど近くにはいなかった）ので、旅客機に高度一万フィート（三〇〇〇メートル）まで上昇するよう助言した。カイロには二つの飛行場がある。西側に国際空港（カイロ西）、東側に空軍基地（カイロ東）である。クルーは「ミグ」からの信号を、「旅客機がカイロ国際空港を行き過ぎたので誘導して戻しに来た」のだと解釈したようである。このことは、イスラエルのレフィディム空軍基地に近づいた後、突然再上昇した理由の説明となるだろう。戦闘機が旅客機の後をぴったりとついているので、「カイロ東」（空軍基地）に向かっているのだと思い、クルーは西に向かって国際空港を探すことに決めた。

一四時〇九分、航路をそれた飛行機がどこかを飛んでいることをエジプト軍に伝えるとカイロの管制官が言ったとき、機長は「たった今お前のところの戦闘機に銃撃されたぞ」と食ってかかった。再び銃撃されたとき、乗組員はパニックになり、フランス語でわめき始めた。「こいつらエジプト人は狂っているのか?」と。その後すぐに、副操縦士は戦闘機がイスラエルのものだとわかった。しかし、時すでに遅く、衝撃的な結末を迎えてしまったのだった。

後知恵と有責性

結果を知らない場合には、専門家の職務の誠実な遂行を表すものとみなせる行動と判断が、結果の知識を持った途端に、非難に値する、規範的失敗に見えてくる。

結果の知識を持つと、私たちは司令官やパイロットがもっとよくチェックすべきであったと思う(なぜなら、私たちは何を彼らが見落としたかを知っているからである――たとえば、機内には乗客がいたことや、ハイジャックされていないことを)。事件後、何をすればもっとよかったのかに専門家が気づくことはしばしばある(航空会社に問い合わせることはできなかったのか、戦闘機からは乗客の顔が見えなかったのか、旅客機の両側をもう二、三度飛んでもよかったのではないか)。撃墜された旅客機に乗客がいなかったら誰もこのような質問をしなかっただろう。もし結果が撃墜に至ったとしても、専門家の責務は十分に遂行されたとみなされるだろう。逆に言えば、もしイスラエル軍が、旅客機に乗客がいて、ハイジャックされておらず、単に道に迷っているだけだということを知っていたら、彼らは決して攻撃しなかっただろう。

専門家の失敗が有責かどうかを裁く立場にある人たちは、後知恵が判断に与える影響に大きな注意を払わない。裁判の手続きでは、たとえば、ある人の行動がいかに意味のないものであったか、実践やルール、法の基準をどのように破ったかを強調する。

ジャン・ラスムッセンは、私たちが自分自身（もしくは検察官）に「どうして彼らはあんなにも不注意で無謀で、無責任になり得たのか？」と尋ねるのは、当該の人々が奇妙な振る舞いをしたためではないと指摘する。それは、彼らの行動を理解する際に、誤った枠組みを適用しているからである。人々の行動を理解し、その行動が適切だったかどうかを判断するために必要な枠組みとは、彼ら自身の通常の業務文脈である。なぜなら、その文脈の中に彼らははめ込まれているからだ。その視点から見れば、意思決定や判断は適切であり、正常で、日常的で、当たり前で、想定内のものとなる。もし人々がリスクを正しく見越していたかどうかを本当に知りたいならば、結果の知識や、後で重大であったことがはっきりとわかった一片のデータなしで、当時の彼らの目を通して世界を見るべきである。しかし、それはなかなか難しい。

結果が悪くなればなるほど、より大きな説明責任が生じる

もし、結果が悪ければ、その後、より多くの説明が求められるということは十分に理解できるだろう。そのことは、おそらく説明責任というものの本質的な社会的性質である。私たちは、責任（すなわち罰）は行動の結果（すなわち被害）とつり合うべきであると簡単に思いこんでしまう。しかし、これは公平でない。本章の最初にあげた例を思い出してほしい。医師たちは、賠償責任がほとんどコントロール不能な結果と結びつけられ、彼らの

提供する治療の質とは関係がないと信じている。言い換えれば、損害賠償を避けるためには、治療の質の向上に努力する必要はない。代わりに、防衛医療に徹すればよい。検査を繰り返してリスクを避けるのである。

公正な文化についての主要な問題は、失敗の大きさと結果の重大さとを一致させることではない。問題は、知識や目標、求められる注意力、組織的な文脈から見て、（そのときの）専門家の判断と行動が適切であったかどうかである。ここでの説明責任は、被害の大きさと関与した専門家が受ける罰の大きさとを一致させることではない。その代わりに、説明責任は、その時の判断や行動がどのように理解できるのか、失敗の確率を低くするためにどのような対策が実行され得るのかについて、報告と情報開示の形で果たされるべきである。

第7章　悪いことをしていないならおそれる必要はない？

「もしあなたがたが悪いことをしていないなら何もおそれることはない。」

これは、あるヨーロッパの国の検察官が、会社で起きたヒューマンエラー（普通の、「正直な」失敗）が犯罪行為に当たるかどうかを心配した航空会社からの質問に答えた言葉である。それは、仕事を完遂するために不可避なルール違反だったのだが、結局、数人のパイロットと航空管制官が罰金を科せられたり、告発されたりした。そして、彼らの同僚たちは不安を抱くことになった。信頼に基づいて提供されたインシデント・レポートなどのデータが裁判に使われるようになるのだろうか。そして、検察官の詮索に対する十分な防備はあるのだろうか。

心配することはないと、その検察官は言った。私を信じて。もしあなたが悪いことをしていないなら何もおそれることはない。私は悪と正義を区別できるし、故意の違反や過失、破壊行為は見ればわかる、と。

しかし本当に彼にそのような見極めができるのだろうか？　あるいは他の誰かにも？

公正な文化と線引きの問題

公正な文化に関するすべての定義は、許容される行動と許容されない行動との間に線引きをしている。たとえば、故意の違反は認められないが、「正直な失敗」（誠実に仕事を遂行している中でおかした失敗）は認められる。そして、もしあなたの行為が許容範囲内なら、あるいは、もし何も悪いことをしていないのならば、何もおそれることはないはずである。

たとえば、航空管制における提言の一つには、公正な文化とは次のようなものだと書かれている。

「第一線で働いている管制官は、彼らの経験と訓練に相応する行為や、不作為、意思決定などによって罪に問われることはない。しかし、目に余る過失や、意図的な法律違反や破壊行為は容認されない。」

このような定義は、第5章でも紹介した技術的エラーと規範的エラーの区別を思い起こさせる（技術的エラーとは、個人の経験や訓練レベルの問題であり、規範的エラーとは、過失や故意による違反を含むものである）。しかし、第6章で紹介したように、技術的エラーと規範的エラーの間の境界線ははっきり決められているわけではない。実際、技術的な問題か規範的問題かを分ける境界線は、エラーを説明する過程、または、エラーの発生後について考える過程において、そのエラーがどちらかに分類されて初めてわかることが多い。そして、その分類の是非は、その後も争われるのだ。

なぜ境界線の考え方に意味があるのか？

境界線の考え方には意味がある。もし公正な文化が悪意のないミス（何も悪いことをしていない場合）に対する不当な扱いから人々を守るものであるならば、悪意のないミスではない（この場合、何か悪いことをしている）可能性を考える余地を残しているべきである。その結果、公正な文化に対するすべての提言は、合法な行動か非合法な行動かを分ける、ある種の線引きを確立することを強調することになる。「公正な文化のもとでは、人々は許容される行為と許容されない行為とを区別することができるはずである」[1]。罰のない環境は、人々に慎重な行動を促さないし、エラーや逸脱についての報告も上がらないだろう、とも言われている。結局、境界線が存在しなければ、「何でもあり」になってしまう。こんな状況では、誰も正直に報告をするわけがない。さらには、人々の働く意欲にとっても、管理の信用性にとっても、そして、失敗から学ぶという姿勢に対しても、よい状況であるとは言えない。

許せる行動と罰すべき行動とを分ける境界線のようなものは、直感的に理解される。そして、公正な文化における考え方では、容認と透明性が中心に据えられることが多い。『公正な文化へのロードマップ』[2]によると、「失敗を全く責めない文化は、現実にあり得ないし、望ましくもないものでもある。多くの人は、事故が起きたときにいくつかのレベルでの説明責任を求める。公正な文化が醸成されている環境においては、有責性の境界線は、よりはっきりと引かれている」。境界線についてのもう一つの主張は、故意による不正行為や犯罪行為から人々を守らなければならない、そして、裁判による法の適用がそのような保護にとって最も重要な伝達手段となる、というものである。

EUから出された最近の勧告では、民間の航空会社に対して、不具合事象の発生を報告させることを原則としている。この勧告には条件がある。それは、それらのインシデント・レポートを提出した人に対して、国は、相当悪質な過失を除いては、司法手続きを適用してはならないことである。しかし、「相当悪質である」ということを誰が判断するのだろうか。もちろん、国、つまりは検察官か裁判官であろう。

この勧告も、他のすべての公正な文化に関する指針と同様に、「重大な過失」は誰の目にも明らかであると仮定している。「故意による違反」は最も自明なカテゴリーとされ、故意ではない違反とは区別される。検察官やその他の専門家は、故意による違反や、過失、破壊行為を客観的かつ明確に認識することができると仮定されている。公正な文化に関する提言で、過失や望ましくない行為、さらには違法行為に対するある種の例外規定（すなわち罰則の必要性）について言及されていないものは一つもない。実際、航空産業は失敗から学ぶ必要があると主張している文書でさえ、この種の例外規定を設けている。

線引きの思想はなぜ幻想なのか？　境界線を引くということは、ある事柄が線のどちら側に分類されるのかを明確に決めるということである。そうでなければ境界線には意味がなくなってしまう。許容される行動と許容されない行動との区別などは、明確に線引きができないものの代表であろう。故意の違反は、許容できないほうに該当すると多くの人は言う。過失も同じである。しかし、その過失とは一体何であろうか。以下に過失の定義を見てみよう。

> 過失とは、ある業界において普通（ノーマル）に要求される規準（スタンダード）を大きく下回る行為を意味する。過失とは、ある業務に従事している人に当然期待される適切な技量水準を発揮することに失敗した人に適用される。その失敗は、同じ環境において慎重で真面目な人がしたであろうことをしなかったか、しないであろうことをしてしまったか、のどちらかである。過失責任を問うためには、まずその当事者に注意義務がある必要があり、その上で、その過失行為によって誰かが傷つかなければならない。言い換えれば、注意力を発揮すべき職務においては、人的・物的被害を生じさせるような行為や手抜きを避けるために、適切な注意を払わなければならないということだ。もしこれを適切な技量で遂行することに失敗し、人または財産に被害が生じた場合、その被害を引き起こした人の行為は過失と認定されるのである。(3)［傍点は訳者］

まず、この定義は長すぎる。さらに、この定義は「過失」の本質的な性質を捉えるものではないため、過失を理解し、それを境界線の許容できない側に置くためには利用できない。むしろ、この定義を読むと、考えなければならない多くの疑問が頭に浮かぶ。この定義は、「過失」とは何であるかという問いに答えるのでなく、以下に示すような、解決の難しいたくさんの問題を提起している。

- 「普通の規準（ノーマル・スタンダード）」とは何か？
- 「下回る」とはどの程度なのか？
- 「適切な技量水準」とは何か？
- 「慎重さ」とは何か？
- 「適切な注意」とは何か？
- 被害は本当に「過失行為によって引き起こされた」のか？

先の定義は、どのような行為が過失であるのかということを明確に区別するのではなく、この問題がいかに複雑であるかを示している。判断には本当に様々な可能性があるからである。あなたが自分自身の仕事で考えて、「この業界では普通」「適切な技量水準」「慎重な人」「結果として被害が生じることの予見」といったことについて、（客観的に、明確に）定義できるかどうかを考えてみてほしい。実際のところ、普通とは何か、慎重とは何か、適切とは何か、（客観的かつ明確に）判断できるだろうか？　そして、人を傷つける可能性のある業務だからこそ、皆、安全性を向上させたいと思っているのではないだろうか？

もちろん、境界線を越えたかどうかの判断を下すことは不可能ではない。実際、私たちは日常的にそれを行っている。ただし、忘れてはならないのは、判断はあくまで判断であるということである。すなわち、それらは客観的でもなければ明確でもない。誰かが「今、境界線を越えました。したがって、それは過失です」と明確に主張するならば、それは間違いなく誤りである。ある業界における「普通」と「過失」の境目、あるいは、「適切な技量水準」と「無謀な行為」との境目は、限りなくあいまいなのだ。この種の議論を終結させることは誰にもできないだろう。(4)

重要なのは、ある種の行為が、深刻な結果が確実に起きるほどに本質的な過失なのかどうかということではない。何が問題かと言うと、われわれが（所属する集団あるいは組織において）ある行為が過失かどうかを判断する際に、どの手続きと権威を信頼するか、であろう。

これらの判断のすべてはまた、後知恵によっても大きな影響を受けることを忘れてはならない。結果から導かれる知識は、結果についての知識を持たない人がそういう状況に置かれたときに、どのように状況を理解するかということを考える力を失わせる。（先にあげた過失の定義ですでに用いられていた）いわゆる置換テスト*は、多少は役に立つが、それでもなお、十分に慎重な別の誰かが同じような

＊　インシデントの当事者を、同等の資格を持つ別の人に置き換えて、同じ状況でその人が異なる行動を取るかどうかを質問すること。その回答がＹＥＳならば当事者を非難すべきではない（ジェームズ・リーズン『組織事故』塩見弘（監訳）、日科技連出版社、一九九九年、二九五頁参照）。

環境において同じようなことをしてしまうかどうかは、一人でも死者が出た後と前とでは、全く異なる問題と認識されるだろう。複数の死者が出た場合はなおさらである。後知恵に関するこれまでの研究は、置換テストを用いる際に後知恵バイアスを排除することは非常に難しいという結果をことごとく示している。

法令違反の社会構造

数カ月前、妻と私は隣町に食事に行った。私たちは車を通りに沿って他の車の間に停めた。通りの反対側に設置されていた券売機にお金を入れ、パーキングチケットを取り、それを車のフロントガラスに置いた。しばらくして食事から戻ってくると、小さな封筒がワイパーの下に挟まれているのを見て仰天した。私は封筒を引っ張り出し、乱暴に開けた。封筒に入っていたプリントをよく読むと、どうやらそこにはわれわれが違反をしたことが記されているようだった。パーキングチケットはフロントガラスの外から見える位置に置いてあるし、まだ時間切れになっていないのに、どうしてなのだろう。罰金通知の中に隠されていたわかりにくい暗号を解読し、なぜ違反になったのかを理解するのに一日かかった。どうやら、私たちが食事をした夜は、その通りの特定の場所のどちらか一方の側で、車を合法的に停められるルールが一時的に停止されるという特別な夜だったということがわかった。私は説明を聞きたくて、この街に住んでいる友人に電話をした（もちろん、警察に電話をしても録音されたテープを聴かされるだけだったので）。友人は、電話の向こうで、同情とからかいが入り混じった表情をしていたに違いない。

「ああ、この町ではいつでもそうしているよ」と彼は認めた。

「もし、まだ壊されていなければ、近くにぶら下げられた枕カバーくらいの大きさの標識があるだろう。その標識には、通りの右側もしくは左側の駐車は、条例が施行されてから五年目の第二月を除いて、毎月第三火曜日の六時から深夜までは許可しない、だったか、何かそんなことが書いてあるんだ。」

私は本当に打ちのめされた感じだった（そしてそう、私は罰金を支払った）。数週間後、私は再びこの町に行き（いや、駐車はしていない。もはやそんな勇気はなかった）、そして、確かに悪名高き例外の主張が黄色の背景に黒の文字で記されている標識が、歩道をくぼませた駐車スペースに立っていることに気づいた。「第二月の三日ごとの一四時から一七時は駐車禁止」とかいうような難解な布告だった。

私は、この町を違反の構造において注目に値すると考えた。ある場所での駐車はあるときは合法だが、次には非合法となる。全く同じ振る舞いが、食事の間に法律違反、マナー違反、非合法へと変化する（私たちが車を停めた夕方の早い時刻にはたくさんの車が駐車していたので合法だったのだろう。だからこそチケットを買えたのだ）。ある行為の合法性、あるいは有責性、というものは、その行為にそもそも備わっているわけではない。それらは、誰かが決めた線引きに依存しているにすぎないのである。この町では、ある日、もしくは、ある瞬間に、ある場所に線が引かれているということなのだ。次の日、あるいは次の瞬間には、その場所は変わる。そのような気まぐれは、実際儲かるに違いない。あの夜、ルールが変わったとき、私たちだけが車を違法な側に停め続けていたわけではない。私たちが停めた場所は駐車が合法であったという「線」は、まだそこにそのまま存在していたからだ。その車たちは、パーキングチケットを幸せそうにパタパタとはためかせていたのである。枕カバーサイズの標識を本当に理解しているのは、この標識を作った人間だけであると私は思う。そして彼らは、標識を理解できずに違反する人物を待ち伏せる計画を立てていたに違いない。

私たちが何を犯罪とみなすか、そして、どの程度の罰がそれにふさわしいと信じるかは、行動の関数ではない。それは、行動に対するわれわれの解釈の関数である。だからこそ、日によって、あるいは、時間によって変わり得るのである。このことは、時代や文化、国による違いにも当てはまる。

私はこの町と争うつもりはない。私は彼らが勝利したことを認める。彼らはルールを作り、彼らの意図に従って段階的に導入や廃止を繰り返すような、よく考えられたゲームのような仕組みを発展させ、そしてそれを難解な標識で表したのである。彼らはどうすればこのゲームで金儲けができるかを考え出すために、より多くの資源を費やしてきた。私は、どうすれば彼らの作ったゲームでこれ以上の罰金を取られずに済むかを学習するために、それ以上のコストをかける気にはならない。だから、次回は公共交通機関を利用するだろう。彼らが考え出した違反の構造には誰も逆らえない。私がした駐車が、その夜、その町の住民にとって迷惑をかけるようなことだったからではなく（広場もそこに通じる通りもガラ空きだった）、当局がそう考えたから違反になったのである。違反は、それ自体の意思でそこに存在しているわけではない。私たち（もしくは検察官や市の役人）こそが、法律違反（故意による違反、過失、無謀な行為）を作り上げるのである。

有責性のディシジョンツリー　しかしながら、違反の程度を判断するために利用できるツールがある。様々なものが一般に出回っているが、多くのものはディシジョンツリー（決定樹）のような形式をとることが多い。それらは、先に紹介したような大きな定義を表記するためのもう一つの形式であり、とてもよい出発点となる。しかし、あくまで一つの出発点にすぎない。分析を重労働のまま残しているからである。つまり、ある行為があなたの引いた境界線のこちら側なのかあちら側なのかを判断するという大問題をそのままにしているからだ。この問題を解決するための手段は、問題を分解することかもしれない。しかし、分解したとして、小さくなった要素は扱いやすいだろうか？

よく知られたディシジョンツリーの一つは、リーズンの書いた『組織事故』[5]に示されている。以下は、その本に書かれている質問の一部と、それが引き起こす問題の一部である。*

・行為と結果は意図された通りだったか？　これは単純な質問に思われるかもしれない。しかし、

＊　前掲『組織事故』二九七頁参照。

意図とは厳密に何だろうか？　哲学者や司法の専門家でも合意できない難しい問題に、どうやって簡単に答えを出せるのだろうか？　行為者であれば、それほど考えなくとも答えは出せるかもしれない。「はい」とマーラ看護師は答えるだろう。「私は２００mg／mℓのキシロカインを混合する意図を持っていました。それはまさしく私がしたことです。そして、もちろん、私は小さい女の子に毒を盛るつもりなんてありませんでした」。この裁判では、意図された行為と結果の不一致は、看護師を訴追とそれに続く有罪判決から守る役目は果たさなかった。他の要因のほうが、「私はそんなつもりはなかった」ことよりも、有責性にとって重要な役割を演じたのである。

- **当事者は安全な作業手順を意識的に破ったか？**　様々な種類のオペレーション（運行、運航、操縦、制御）業界で働く人々は、安全な作業手順を、いつも意識的に破っている。利用可能で、有効で、正しいことが過去に示されている手順でさえ破られる（ここでは、もちろん、あの疑問を再び提起しなければならない。すなわち、（客観的に、明確に）本当に有効なのか？　誰がそう言ったのか？）。大抵の場合、定められたすべての手続きに従うと、作業が終わらない。ある特定の課題を遂行する際に従うべき（そして利用可能で、有効で、正しい）手順がどれだったかはっきりわかるのは、後知恵によってである。当人がそれに気づくのは一番最後だったとしても。

- **訓練や人事選抜に欠陥はなかったか？**　「欠陥」はわかりやすい言葉のように思われるが、しかし、厳密にその言葉が意味するものは何なのだろうか？　誰かにとって欠陥としか感じられないことが、他の誰かにとっては普通だったり、あるいは、別の誰かにとっては標準以上のことだったり……。ここにこそ問題があるのである。誰が決定するのだろう？　多くの人にとって、医者が患者を故意に殺すことは犯罪であり続けるだろう。たとえ誰かが、これは医師の選抜や習熟度をチェックする際の問題によって起因したのだと主張したとしても（リーズンのディシジョンツリーによればそれは酌量すべき情状になり得るのだが）、あるいは、特定の国では尊厳死や安楽死はその国の文化において標準的なことであるということを提起したとしても、である。

先にあげたリーズンの質問リストは、出発点としてはよいものである。しかし、それは有責か否かを決定するという問題を解決することができず、単に問題を再定義するだけである。リーズンのディシジョンツリーにおける別の質問には、不慣れの問題があったかどうかというものがあり、これも重要な質問である。第5章で紹介した技術的なエラーと規範的なエラーの違いを思い出してほしい。しかしまた、何が技術的なエラー（経験の欠如）で、何が規範的なエラー（専門家の責任遂行の放棄）かは、エラーが発生した後の分析や解釈手続きの産物である。エラーを引き起こした行動自体の特性には、あまり関係がないのである。

有責性と行動のコントロールに関する心理学的研究

ディシジョンツリーは実用上の必要性からのみ生まれたものではない。心理学的な研究によると、私たちはそうするように指示されなくても、様々な基準に従って行動とその結果を評価している。心理学によると、ある行為の有責性は、次に示す三つの要素の関数で構成されている。

・当事者が持っていた意思に基づく行動のコントロールの程度（行為は、自由に選択されたものなのか？　それともそうせざるを得なかったものなのか？）
・意思に基づく結果のコントロール（行為者は何が起きるのかを知っていたのか？）
・行為者による原因のコントロール（行為者が結果に対して単独で影響を及ぼしていたか？）[6]

この三つの要素の関係は、「個人のコントロールが強かったことを示唆する要因（個人が自らの行動をコントロールできたことを示す証拠）があれば、その個人への非難は強まり、個人のコントロールに対する制約（個人が自らの行動をコントロールできなかったことを示す証拠）は、非難を潜在的に軽減する」[7]。

これらの基準を前の章にあげた例に適用しようとするとき、これらの質問に答えることがどれほど困難かということに気づくだろう。それらは答えではなく、判断だからである。意思に基づいて行動がコントロールされるとき、プロローグで紹介した看護師マーラの行為は、故意だったのか、それとも偶然だったのだろうか（つまり、結果と行為は意図されたものだったのか、そして、それらは一致していたのか）？　彼女が意図的にあるいは故意に行動していたとしたら、人々は彼女の行為がコントロールされていたという感じをより強く受けるだろう。マーラは自分自身の行為を理解することに必死だったので、下級裁判所において、包みのラベル表示を読み間違えたかもしれないと話した。しかしながら、最高裁判所では、この証言はおそらく正しくないと供述した。２００mg／mℓのキシロカインが必要だと誤って信じていたというのだ。治療記録にある２００という目立つ数字と、最後に全部で10mℓの量のキシロカインと書かれていたことを考えると、これは確かに納得できる説明である。結局、最高裁判所は次のように述べた。

法廷審理において、ＩＣＵの看護師は、どのようにして間違った容量のキシロカインで薬剤を準備したかについて複数の異なる説明を行った。それゆえに、被告人の供述は、実際の記憶を表しているとは言い難い。むしろ、被告人の説明は、後から言いわけをつけ加える試みのように思われる。それらの説明は仮説であって、被告人がなぜそうしたかについての確かな結論を提供していない。[8]

言い換えれば、どのようにしてエラーが起こったのかを自覚したり思い出したりすることができなかったこと（極めて普通のことであり、行為の直後でさえ誰にでも起こり得る）は、意思に基づいて行動をコントロールしたわけではないと立証する能力に欠けていると解釈されたのである。裁判においては、マーラ看護師が故意にその行為を行ったかどうかは、問題にされなかった。

さらに、能力や状況の制約がない場合には、意思に基づく行動のコントロールが可能だったとみなされやすい。最高裁判所は、マーラには二五年の経験があり、調合薬を用意するための時間がたっぷりあったことを強調した。彼女には知識や経験が不足していたわけではないというのである（マーラは、乳幼児用のこの薬の調合については一度も経験がなかったにもかかわらず）。その日は、ものすごく忙しかったわけでも人手が足りなかったわけでもない朝で、彼女は通常通りシフトに入っただけだった。

これらの状況もまた、彼女の行動の結果を予見する助けになったはずである。「彼女の過失が、読み間違いによってなのか、計算間違いによってなのか、容器の取り出しミスによってなのか、いずれによるとしても、彼女が注意書きを詳しく読んだり、より注意深く計算したり、ダブルチェックをするなどの手段を取っていれば、ミスに気づいて事故を防げたであろうことは明らかである」[9]。言い換えれば、意思に基づく結果のコントロールも確かに存在したのである。マーラ看護師には十分な経験があり、時間もたっぷりあったのだから、自分の行為の結果で何が起き得るかを予見可能であったと考えられる。

次に、原因のコントロールである。この事例に関連する様々な事実によって、マーラの行為があのような重大な結果に単独で影響を及ぼさないようにする方策は、様々にあったということがわかっている。にもかかわらず、マーラが「私のミスです」と言ったことによって、他の事故要因の作用を後に申し立てても、聞き入れてもらえなくなった。たとえば、小児科医は、赤ん坊に薬を与えすぎたにしても、もしマーラの調剤が正しいものだったならば、彼の処方は致命的な影響を及ぼさなかっただろうと断言し、その供述は受け入れられた。おそらく彼はそう信じていたのだろう。病院の薬剤管理の長く腐敗した習慣は、結果に重大な影響を及ぼす役割はなかったとして情状酌量の要素とならなかった。法廷は「病院の作業慣行と手順に深刻な欠点があった」ことは認めたが、「そのことによって、自らの調剤が正しいかを確かめる看護師の責任を免れるものとはならない[10]」と断じた。どんなにひどい職場でも、組織でも、習慣でも、誤りをしないという責任を個々の従業員から免除することにはならない。少なくとも、最高裁判所がどのように境界線を引くかには影響しなかったのである。

どこに境界線を引くかではなく、誰が引くかである

公正な文化を創造する際に、問題となることは、適法と違法を分けるための「自明」と仮定される多数のラベルを使わないで済む定義を思いつかないことである。たとえば、「故意の違反行為」、「過失」または当事者が「慎重だった」か、「標準的だった」か、もしくは「適切な技量を有していた」か、など。これらのラベルは自明からほど遠い。法律の専門家が上手に論じれば、どのような行為もたいていは、意図的な違反または過失の構成要素とすることができる。境界線を引いても何も問題は解決されず、ただそれを別の問題に置き換えるだけである。重要なのは、誰が境界線を引くべきかについて注意深く考え、そしてできればそれを構造化することである。次章では次の問題を考えよう。

- 誰が境界線を引く権威を持つのか？
- あなたの組織の中で、またはあなたの社会で、正しい言葉を使って「境界線を越えた」と言う公的正当性を持っているのは誰か？

・その「誰か」は正と悪を分ける、客観的で議論の余地のない、存在しない場所からの視点（中立な視点）からものを見ると信じることができるのか？

検察官の言う「もしあなたが悪いことをしていないなら何もおそれることはない」をもっと正確に言うと、「もし私があなたは何も悪いことをしていないと決めたら、あなたは何もおそれることはない」となる。そして、それは、それ自体、おそるべきことではないだろうか。

これは、公正な文化とは単に境界線を引くことだ、という幻想を与えてはならない理由である。その代わり、人々に示さなければならないことは、誰が境界線を引くのか、その際に、どんなルール、価値、習慣、言葉、そして正当性を用いるのかである。その人が検察官であるのか、管理者なのか、同業者の作る委員会なのかは真の要点ではない（それぞれ異なる利益を代表し、境界線を引く際に異なるバイアスを持っているが）。公正な文化の要点は、それについて透明性と合意を得ることなのである。

第8章　検察官がいなければ犯罪は存在しない

自分で「過失」またその他の違反（故意による違反、破壊的行為、故意にルールを破ること）を定義しようとすることは素晴らしい。世の中に出回っている有責性のディシジョンツリーの一つを用いて、あなた独自の定義に理屈をつけることも可能だろう。しかし、それらの定義やディシジョンツリーは、専門家の同僚たちや裁判官たちが何を過失（または規範的エラー）とみなすべきかどうかについての議論を始めるための、単なる道具にすぎない。定義は答えを与えてはくれない。その後に、骨の折れる分析作業が待っているのである。

前の章で結論したように、その議論の結果としてもっと大切なことは、最終判断を誰がするかという問題である。あなたの属する業界あるいは組織において、境界線の反対側、すなわち間違った側に誰かの行動が滑り落ちてしまったという結論を下す権威や正当性を持っているのは誰だろうか？　もし、専門家がこの質問についてしっかりと考えていないとしたら、そして、もしこのことに関連する仕組みをまだ作っていないとしたら、組織や国において何が過失とみなされるかということに対して、一番詳しい人たちが蚊帳の外に置かれることになる。過失の認定は公正に行われず、権力の都合で決められてしまうおそれがある。

当事者自身に尋ねない理由

私たちは専門家たちに、自らの行動が「境界線を越えてしまった」かどうかを尋ねることはあまりない。しかし、彼らはその場にいたのだ。おそらく彼らは、私たちが知り得る以上に、彼ら自身の意図について知っているだろう。おそらく彼らは、薬物乱用が影響を及ぼしたか、決められていた手続きが実行可能だったか、正しかったか、利用可能だったかを語ることができるだろう。そして、違反が意図的であったか否かについても。しかし、私たちは、真実を教えてくれる内部の関係者を信頼しないのである。結局のところ、私たちは彼らについてこう考える。

- 彼らのものの見方が偏っているのではないか?
- 自分を取りつくろおうとしているかもしれない。
- 説明が、一方的であったり、歪んでいたり、部分的であったりするかもしれない。

何が起こったのかということについて真実の説明を得るために、通常私たちはその場にいた人たちの話に耳を傾けることはない。時には(たとえば裁判の中で)彼らに対して意見を言うことがあったとしても、である。

存在しない場所からの視点

では、誰が代わりに境界線を越えたかどうかを決定するのか？ 偏っていない見方などあるのだろうか？ 客観的で中立なものの見方とは？ 私たちは時にこれらを、司法システムに期待する。それはごまかされても、偏ってもいない真実を解明するものと信じられている。この期待は新しいものではない。アメリカの最高裁判所は一九六六年に、「裁判の基本的な目的は真実の決定である」[1]と表明しているのだ。

私たちは裁判が、理性に基づいて、客観的に、現実に起きた真実のストーリーを探り当ててくれることを、そして、結果に責任をもつべき人に、罰を与えてくれるだろうと期待している。遠くから見ると、それは次のような印象を与えるかもしれない。すなわち、利害関係のない人が公平に裁き、しかるべき人が説明責任を負わされ、適切な罰が与えられ、真実と公正がもたらされるだろうと。

法の制度は公平か？

法の制度は、公平であるかのように見せかけるために、多大な努力をしている。司法システムに施された様々な装飾は、合理性や熟慮、客観性、公平性といったイメージを与えるようになっている。

・正義の女神の目隠し——まさに中立の象徴である。

・審理のペースはゆっくりで、厳かな印象を与える。
・手続きのルールは厳格で、厳しく管理されている。
・衣装や舞台装置や台詞回しは、空想世界をほうふつとさせ、日常的な現実世界の喧騒感はない。
・建物自体もまた、その他の全世界から隔絶しているように建っている。地元の地方裁判所の建物をイメージすればよい。そこはきっと、門と芝生、前庭、高い階段によって、街路から引き離されているはずである。
・裁判官たちは巨大な扉の向こうにいて、他の人々から離れて、高い天井の下、一段高いところの、頑丈な机の向こう側に腰掛けている。

法廷をこのように象徴的、心像的な存在にすること、合理性と公平性を担保する目的で高く持ち上げ、隔離することは、本当に、真実に対するよりよく、より中立的な視点を与えているのだろうか？

存在しない場所から見ることはできない

たとえ目隠しをした正義の女神のように、客観的で、公平無私で、先入観なく中立の立場で考えることができると思っていても、客観的な視点から話をすることは不可能である。自分自身に問いかけてみればよい。世界を客観的に見ているというのなら、いったいどこから見ていると言うのか？　客観的視点とは「存在しない場所からの視点」[2]なのである。そして、そんなものはない。つまり、そのような場所に視点を置くことのできる人はいないということである。

どのような視点も中立的、客観的ではあり得ない。存在しない場所からものを見ることができないのだから当然であろう。このことは、すべての視点はある程度、価値や関心や利害を含んでいるということを意味する。もちろん、私たちはその価値と利害の影響をコントロールする能力を持っている。そして司法システムは、それを公正に行うために、伝統とシンボルと儀式を持っている。しかし、結局は、価値から切り離された真実を発見したり生み出したりすることなど誰にもできないのである。裁判官も医療システムの利害関係者である。彼らもまた、利用者なのだから。しかも彼らは、社会制度に対する信頼と安定を維持するために尽力するという、もっと大きな役割を持っている。

プロローグで紹介したキシロカインの事例において、最高裁判所は、審理が医療システムの安全性についての不安を解消する役割の一部を担っていることを認めた。「患者の安全と医療システムに対する信頼への懸念は、看護師の過誤に過失責任を問うべきとの要求につながった。したがって、彼女の責任は過失致死罪に相当すると言わざるを得ない」(3)というのである。「医療システムに対する信頼」を維持するために、非難を受けとめ、乳児の死に対する説明責任と道徳的重みを背負うべき一人の悪役を選び出すという構造が必要だったのである。

法廷が罪を見出し、それに罰を与えることは、目隠しをした女神による公平な仲裁の産物ではない。

客観的な立場からの最も純粋な視点でも、事件を物語る最もクリーンで真実に近い方法でもない。それは、社会的なやり取りの中で取り決められた産物である。そして、それ自体に他の社会的なやり取りと大きな違いはない。すなわち、歴史や伝統、慣習、個人の相互作用、希望、おそれ、願望などから同じように影響を受けるのである。

「真実」にたどり着くには複数のストーリーが必要

プロローグの事例を思い出してもらいたい。裁判官たちは、医薬品の効能と副作用、聞き慣れない名前と外見が意味するものを理解しようと苦闘した。そして、第2章で紹介した機長は、航空機の着陸の準備に時間が足りなかったことを裁判で説明しようとしたが、誰も耳を貸さなかった。専門家たちは裁判の過程において、「真実」を得るための方法を必死になって調べ続けた。しかし、それは見出せなかったのである。様々な説明が互いに競合し、矛盾していたが、その多くは、同じくらい妥当に思われた。すべては、一つの事例について、様々な側面に光を当てていたにすぎないからである。キシロカインの裁判では、小児科医にも一理あった。彼は乳児に対してキシロカインの急速静脈投与を繰り返し行ったが、この行為は、女児がすでに通常量の一〇倍もの投与を受けていたという事実に照らして、裁かれなかった。彼は結局それを知らなかったからである。看護師にも一理あった。乳児の状態に対する診断がその時点ではまだ確立していなかったにもかかわらず、状態をさらに悪化させることにしかならない静脈注射を繰り返すように指示があったことは筋が通らないからだ。ある一つの意見をよしとすることは、結局、このインシデントの例のように、有害事象の複雑性に対して不公正となってしまうのである。

同様に第2章の事例では、機長にも一理あった。航空会社、そのイメージ、生産性への圧力、乱発される特別許可、航空会社から正式に指定されていない医師、資格のない副操縦士によって、機長は窮地に追いつめられたのである。一方で、別の見方もできる。この機長はなぜ、インシデントを自発的に報告して、学習と改善のために役立てようとしなかったのだろうか？

(裁判が時々そうであるように) あたかもある考え方が唯一の真実であるかのように他の人々に強制するようなやり方は、非常に不公正である。公正な文化は、一つの事例を説明するのに常に複数のストーリーを用意する。その理由は、

- ある視点からストーリーを語ることは、必ず別の視点からの見方を排除することになる。
- どんな説明も、それ一つだけで、世界をありのままに描写できるものではない。
- 無数のストーリーが存在し得る。もしあなたが「公正」でありたいと思ったり、「真実」に近づきたいと思うならば、相当の数が必要である。
- もし、安全性を向上させるためにできる限り多くの機会を求めるなら、多くの人の話を聞いたり、様々な角度から見たいと思うはずである。世界は複雑である——そのことを受け入れなければな

らない。そして、自分に何ができるかをそこから学ばなければならない。

医療業界で働く知人は、ある種の行為が犯罪であることは、客観的で、自明で、議論の余地がないと、どれほど強く信じていたかを私に語った。たとえば、患者を殺すこと、医療者の飲酒や薬物乱用による加害事象、あるいは、故意に行われる不安全行動である。彼の話によると、何人かの看護師が、利尿剤を痛み止めと偽って患者に服用させ、夜勤の看護師に尿瓶《しびん》を持ってきてくれと頼むように仕向けたという。言語道断だ、と彼は言った。犯罪行為だと。それはもはや懲戒処分もしくは法的裁きを受けるべきことであると。

私もこれらの行為が犯罪でないという立場には与《くみ》しない。しかし、私が興味を引かれることは、人々が、どのようにして彼らがそのときにした行為に犯罪という意味を与えるか、についてである。これらの行為を犯罪とみなすことによって、後日、他の人々が似たような「犯罪」行為をするきっかけとなるかもしれない多くの他の要因が無視されたり気づかれにくくなったりする。たとえば、医師が患者を意図的に殺すことを考えるとき、専門的な職業に対する適性に対して様々な疑問が湧いてくることになろう（医師になる前に精神医学的なチェックはないのか？——航空機のパイロットになるときにはあるのに——とか、医師としての技量に対する定期審査はないのか？——パイロットにはあるのに——とか）。酒に酔ったり、マリファナを吸ったりしている医師がいたとしたら、勤務時間とその個人生活への影響についての疑問が湧いてくる（三六時間シフトで、週八〇時間以上の勤務とか)。夜勤職員に嫌がらせをする目的で患者に利尿剤を与えた話からは、病院のスタッフたちの不仲はもちろん、スタッフの倫理的な意識についての疑問が湧いてくる。

弁護士や検察官の目を通してこれらの行為を見れば、犯罪に見えるだろう。「犯罪」という言葉は、右の例のような行為にぴったりと当てはまるようにも思える。しかし、それはこれらの行為を語る、あるいはそれらに対して何かをするための、唯一の言葉というわけではない。これらの「犯罪」は、異なる要素から成り立っている可能性もある。

・社会的な代価、あるいは専門職に伴う代償として(社会は、医療コストがすでに非常に高いからという理由もあり、医師を長時間働かせている。そして、ひとたび医師免許を与えれば、健康で注意深く、自分自身に責任を持つ存在であり続けると信じている)。
・管理の問題として(部門間や勤務シフトの違うスタッフ間の軋轢が、上位者からの介入によって問題が大きくなる前に解決されているとは言えない)。
・教育上の問題として(医療スタッフの倫理教育)。

繰り返しになるが、私は、ある解釈が他のものよりもよいとか「正しい」などと言っているのではない(そんなことは言えないのである)。私に言えるのは異なる解釈も可能であるということだけだ。そしてすべての解釈には、論理的に付随する行動のレパートリーがある。

・犯罪は刑罰によって減らせる。
・教育上の問題は教育によって解決される。
・組織の問題は経営によって改善される。

一つの解釈だけを見ていると、安全性を向上させる他の重要な可能性を見失ってしまうだろう。

一つの「真実」なんて存在しない

おそらく、私たちは、ある失敗全体についての「真実の」説明を探り出そうとする努力を諦めるべきなのだろう。誰かがそれを見つけたと主張をするや否や、誰かが現れて指摘するだろう。そのストーリーの中の「真実でない」事柄、欠けている部分、解釈の間違い、誤って性格づけられたり過小評価されたりしている部分を。「存在しない場所」からの視点で語ることは不可能である。誰かが起こったことを語り始め、その話の中で何が正しいとか何が間違っていたとか解説し始めるとき、彼らはすでに自分の言葉で話しているわけであり、その時点で必然的に彼らの価値観や関心、背景、文化、伝統、判断をストーリーに持ち込んでいる。法廷は、専門家の行動について、客観的な説明を行うと主張するかもしれない。しかし、当事者となった専門家（そして彼の同業者の大半）からすると、それは不十分であり、不公正であり、偏っていて、部分的なのである。

公正な文化を築こうとするときには、何が起こったかについての真実の、あるいは客観的な説明に到達することが重要なのではない。それが成功の基準ではない。いずれにせよどんなに努力しても、無理である。その代わり、公正な文化に到達するためには、以下の二つの要件を同時に満たす失敗の説明に到達する必要がある。

・説明責任に対する要求が満たされる。
・学習と改善に寄与する。

第9章　裁判は安全を害するか？

偉大な心理学者ウィリアム・ジェームズ（一八四二―一九一〇）は次のように語った。
「宗教について研究したいのならば、最も宗教的な人の、最も宗教的な瞬間を研究すべきである。」

ここではこの言葉に従ってみよう。司法手続きの中に巻き込まれたとき、公正な文化には何が起こるだろうか？　法制度によってヒューマンエラーが犯罪とみなされ、そしてそれにふさわしいとみなされた処罰が割り当てられるとき、正義の追求をとことんまで推し進めると、何が起こるだろうか？

逆説的なようだが、司法が関与することによって、より公正になることもなければ、より安全になることもない。事実、すぐ手に入る範囲の情報を見るだけでも、逆の結果が生じていることに誰もが気づくだろう。このことはまた、「宗教的でない（普通の）人の、宗教的でない（日常的な）瞬間」に関する重要な教訓となる。すなわち、それぞれの部署、それぞれの組織、それぞれの産業、そしてそれぞれの国の中において、公正な文化を追求する人に対する教訓、それは「責任を追及しすぎないこと、ヒューマンエラーを犯罪とは呼ばないこと」である。

一九九五年六月にニュージーランドのパーマストンノース近郊でアンセットデハビランド8型機の事故が起きた際、事故調査委員会は航空機のボイスレコーダー（ＣＶＲ）を犯罪捜査を行う検察官に引き渡した。この事故で四名の死者が出たため、生き残ったパイロットは過失致死罪で訴追される可能性に直面した。ニュージーランドのパイロットたちは、ボイスレコーダーは安全と教育目的のためだけに使用されるべきであると主張して、それを警察が使用することを差し止める訴えを起こした。検察側がこの裁判に勝訴し、ボイスレコーダーを使用することができるようになったが、その後、パイロットたちはボイスレコーダーが機能しない状態にしてフライトするようになった。政府は、将来の事故の際に、最高裁判所が必要と判断した場合に限り、ボイスレコーダーを警察が捜査に使えるという代替案を編み出した。また、その案ではいずれにせよ、ＣＶＲ情報は公表されないことになっている(1)。

ヒューマンエラーを犯罪とみなすことは安全を害するか？

司法の介入という脅しは、自分が関与したインシデントについての情報を実務者が届け出ることを躊躇させる(2)。

プロローグで紹介したマーラ看護師の同僚たちが、このことについてどのように感じたか想像してみるがよい。マーラは、乳児の死についての彼女の考えを、自ら進んで証言したのである。誠実さの名のもとに提供された情報が最終的に裁判で用いられてしまうというおそれがある限り、実務者たちはおそらく心を開いて報告を行わないだろう。

多くの実務者は、他の職種の人がインシデントについて公表する可能性がある状況でのみ、報告を記録すると認めている（たとえば、管制官は、自分がニアミスについての報告をしなくても、パイロットがそれを報告すると考えるだろう。看護師はその場にいた医師が、医師は看護師が報告をするかもしれないと感じる）。このことは、実務者たちを板ばさみの状態に陥らせる。すなわち、事実を報告して追及されるリスクと、事実を報告しなかったことを後に追及されるリスクとの間の板ばさみである。そして、多くの場合、後者、すなわち、できれば自分も報告をすることなく、しかも他の誰もが気づかないことを祈ることを選択するのである。

様々な産業で働く実務者たちは、世界中のどこでも、司法当局が安全性に関する調査に不当に介入することに対して不安を感じている。彼らによれば、不法行為や不正行為、重大な過失や違反が全くない場合でも介入が行われるという(3)。その不安は彼らだけのものではない。運営（運行、運航）組織やその監督機関（司法以外の省庁、運輸省など）でさえ、安全を守ろうとする努力（たとえば、インシデント・レポートの奨励）が阻害されることを懸念している(4)。しかし、人々は何をおそれているのだろうか？　司法の介入には次のような問題点がある。

・法執行の権限を持った係官が調査に参加すること。先進諸国の中には、警察官が証人となったり、あるいは事故調査にかかわることまで行っている国がある（たとえば、陸上交通や航空の分野において）。このことは調査機関が情報源に接触する妨げになる。なぜなら、どんなに実務者が事故の解明に対して協力的であっても、彼ら自身が刑事上または民事上の責任を被らないように身を守ろうとする気持ちに打ち勝つことができないからである。

・**司法当局が事故調査を完全にストップしてしまうこと。**犯罪的な不正行為に関する証拠が明らかになった段階で、司法当局が調査を終了させたり、その後の調査を調査機関から引き継いだりすることもある。このことが、安全調査機関がより多くの事実を集めることを制限してしまうこともよくある。

・**犯罪捜査への着手**は、安全に関する調査とは独立であるか、立場を異にする。どんな問題が存在し、再発を防止するためには何をすべきか、ということを事故調査委員会が知ろうと努力する際に、多くの国において犯罪捜査は相当な妨害となる、(5)と言われている。

・**公式の事故報告書が法廷で用いられる。**法廷において証拠として採用されることが様々な取り決めによって禁止されている国でさえ、そうした取り決めを破ったりごまかしたりすることが常態化している。また、いずれにせよ、検察官がこれらの一般に公表されている事故報告書を読むのを防ぐことはできない。

・**安全関連情報にアクセスすることは**（たとえば、組織内部におけるインシデント・レポートであっても）情報開示法によって、（司法関係者を含む）市民にとって今は非常に簡単である。このことは、

（多くの航空管制施設や国公立病院など）政府に所属する組織において特に深刻である。

・**安全監査の結果が押収される。**安全監査の結果は、それが犯罪やその他の違法性のある行為が存在する可能性を示す場合には、司法当局に押収されるが、このことは、あまり問題にされない。「違反」（規則——それは法律に基づいて定められている——に対する違反）と書いてある監査報告書は、検察官が、（本来コンプライアンスや安全性向上の目的で指摘され分析された）それらの違反を、法律上の犯罪に仕立て上げる端緒となる。

インシデントの当事者が、そのインシデントを安全研修に使うことをどれだけ断固として拒絶するかを、ある組織の安全管理者から聞いたことがある。拒絶する理由は、糾弾されるリスクをおそれてのことだった。仮に、完全に匿名性が保たれ、インシデントを特定できないことが保障されたとしても、実務者は強い不安を感じる。無理からぬことであるものの、このことは、自分たちの業務から得られた貴重な教訓を同僚たちに与えることを拒否していることになる。構造的に組織学習をする過程は、このようにして骨抜きにされてしまうのである。その原因は、特定の個人に対する司法の介入というごくまれな可能性に対する漠然とした不安感にあるのである。

ここまで見てきたように、司法の介入（または介入するとの脅し）が恐怖と沈黙の風潮を生じさせることは間違いない。このような風潮のもとでは、何が問題だったのか、再発防止には何が必要なのか、といったことを発見するのに役立つ情報へのアクセスが困難になる。別の実例を見てみよう。

航空部門を担当するある検察官が、「テストケース」としてある事例を取り上げた(6)。大型のジェット旅客機が離陸するために滑走中、他の飛行機が牽引車に引かれて滑走路の前方を横切っていることに気づいた。旅客機のクルーは即座に離陸を取りやめたので、衝突は免れ、事なきを得た。報告書によると、牽引車の運転手との不明瞭な無線交信の後、管制官補が牽引車の位置についての航空管制機関と国の独立運輸安全委員会は、いずれも調査に着手し、ほぼ同一の結論を得た。報告書によると、牽引車の運転手との不明瞭な無線交信の後、管制官補が牽引車の位置についての自分の解釈を、滑走路の管制を担当していた管制訓練生に伝えた。管制官補のところには地上レーダー画像を表示するスクリーンがなかったが、管制訓練生のところにはあった。そして、牽引車は滑走路の端に映っていたので、滑走路をすでに渡り終わっていると管制訓練生は解釈した。滑走路の交差点の停止線灯を制御するためのボタンは(後にわかりにくいことが判明した管制塔に新たに設置されたパネル上にあり)、そのときはきちんと作動しているように見えたので、管制訓練生は大型旅客機の離陸を許可した。この間、管制訓練生には指導管制官がついて指導していた。調査報告書は複雑な要因にまっすぐ切り込んでいた。すなわち、インターフェースデザイン、効率性への圧力、気象条件、情報の引き継ぎ、人手不足、スクリーンのレイアウト、コミュニケーション、チームワーク、その他多くの要因の複合の結果であると、インシデントを説明したのである。これらの要因は、安全問題に取り組む人たちにはよく知られているもので、組織事故を起こす一般的な要素である。多くの要因は、それぞれが事故の必要条件であり、複合して破局への十分条件となる。同時にこれらの要因は、全く正常に見える組織の中で、正常な人が正常に仕事をする状況の中に存在しているものでもある。したがって、これらの要因はまた、改善勧告あるいは改善命令の中で必ず取り上げられるものでもある。そしてこの事例も例外ではなかった。航空管制機関は二三項目にもなる改善勧告を公表し、それらはすべて組織体制の改善を目的としたものだった。たとえば、デザイン、レイアウト、人員配置、指導、コミュニケーション、情報共有といったことである。一方、独立運輸安全委員会も、非常に類似した九項目からなる改善勧告を公表している。このような活動はインシデントから教訓を学ぶためにはかくあるべしと、航空官制の関係者が考えていた（そして今も考えている）取り組みであった。負傷者を一人も出さなかったこの事例は、考えられる最善の改善策を無償で導き出した。この件にかかわった人々は、この未然事故において、何が、なぜ起こったかという説明を公表することに何ら抵抗はなかったし、彼らがかかわる航空システムを改善する手助けをする資格さえ手にしたように感じたのであった。これがすべての人の利益のために、彼らが行ったことだった。

しかし、この事例の二年後、航空部門担当の検察官は、指導管制官、管制官、管制訓練生、そして管制官補の三名を、「人命財産に対して、危険な方法、もしくは危険になり得た方法で航空管制を行った」ことによって正式に起訴することを決定した。この国（オランダ）の法律には、このような理由で起訴できる条項があったのである。三人の管制官はそれぞれ個別に次のような和解案を示された。すなわち、罰金を払うか、さらなる司法手続きに進むか、である。もし彼らが罰金を払うという選択をしたならば、検察官が「テスト」に勝利するだけではなく、将来においてこの種の問題に関する訴追の可能性が大きく開かれることになる。しかし、管制官たちは全員罰金の支払いを拒否した。そして、この事例が起きてから二年半後に最初の裁判が開かれた。裁判官は、管制官補に無罪判決を言い渡したが、管制訓練生と指導管制官は有罪とした。彼らは、四五〇米ドルに相当する額の罰金または禁二〇日間の刑を言い渡されたのである。管制訓練生と指導管制官はこの判決を不服として控訴し、一方で、検察は管制官補の無罪を不服として控訴した。

一年以上経った後、この事案は上級審で裁かれることとなった。この裁判手続きの中で、裁判官と検察官、さらに弁護団の人たちは、安全と危険が紙一重の業務が行われている場所をじかに見るために、空港管制塔（すなわち「犯行現場」）を見学した。しかし、それは無駄だった。裁判所は三人の管制官全員に犯罪の疑いがあると判断したのである。ただし、刑事罰は科さなかった。すなわち、罰金も禁固も執行猶予もなかったのである。結局、三人の誰も前科を持つことにはならなかった。航空管制塔に設計上及び組織上の問題点があることがわかったからである。裁判所は、この件を犯罪としてではなく、「違法状態」として扱うことで玉虫色の決着をつけたのであった。このことは、あたかも裁判所が正しいと同時に誤っていることを自ら明らかにしたようなものである。裁判所は、違法行為の存在しないこの事例について裁判を進めたという点では誤ったが、一方で、違法状態を見つけたことで税金を浪費せずに済んだ。「違法状態」とは、「とがめるべき点があると想定されるが、それを証明する必要がない、という趣旨で有罪」という意味なのだから、そもそもこの事例は頭を悩ませるようなものではなかった。この件に関して法的に許される弁護は、とがめられるべき点が全くないことの立証である。そんなことは、航空管制官が勤務外で、よってそもそも管制塔内にいない場合にしかあり得ないだろう。判決はトーマス裁判官の言葉を借りれば、「意固地な形式主義のお祭り」であり、テストケースの成否を見守る検察官に対して大げさにうなずくことで、航空管制官やその他の専門職が決して法律を超越した存在ではないという、ささやかながら不穏な警告を行った。

結局、違法行為を指摘することは不可能であることを明らかにした上で、すべての訴えは却下され、有罪判決も処罰も下されなかった。しかし実質的な処罰は、すでに下されていた。航空交通管制が進めてきた安全努力、特に航空管制におけるインシデント・レポート制度に大きな打撃を与えてしまったのである。すなわち、裁判が続いた二年の間に、管制官によって報告されるインシデント・レポートの件数は五〇パーセントも低下していたのであった。

このような事態に対して、多くの人々、特に様々な専門家集団の人々は強い懸念を抱いた。国際航空管制協会の事務局長は、司法が介入することは「安全にとって深刻で好ましくない結果をもたらす」と警告した。(7)

一部の法律関係者は、ヒューマンエラーを犯罪として扱うことについて、専門職の治外法権に対する法的支配の確立は長年の懸案だと考えている。これは、彼らが言うには、閉鎖的で、利己的で、仲間同士でかばい合う専門家集団が、法を超越した特別の地位にいるかのように宣言していることへの反撃である。法律とは権威のあるものであり、中立で公正で、かつ、すべての人に対して公平であるべきものとみなされている（だから正義の女神は目隠しをしている）。そこには、例外や差別はあってはならないという[8]。

では、司法の介入によい点はないのか？

様々な製品やサービスに対する安全上の規制を求める消費者運動は、このような考え方を支持してきた[9]。パイロット、医師、航空管制官は、その責任に見合う金銭的報酬を受けているのであり、他の人々と同等に扱われるべきである。もし彼らが責めを負うべき何かに加担したとしたら、彼らには説明責任を課すべきだ。例外を設けることは民主主義に反する。

しかし、ヒューマンエラーを犯罪として扱うことによって司法制度の根本的な目的が促進されるという根拠は何もない。そもそも裁判の根本的な目的とは、犯罪予防や懲罰を科すこと、更生させることであって、何が起こったかに対する「真実」を説明することでもなければ、「公正」を提供することでもない。

- 実務者を逮捕し、判決を言い渡すことで、他の実務者がより注意深くなるという考え方は、おそらく見当違いである。実務者は、自分が何をしたかということを公にすることにより慎重になるだけである。

・犯人を更生させるという司法の目的は、この問題には適用できない。なぜならば、パイロットや看護師、航空管制官などはそもそも自分の仕事をただ行っていただけであるため、更生させられる余地はほとんどないと言えるからである。

・そもそも、その行動（調剤や離陸の許可）によって有罪判決を受けた専門家を更生させるためのプログラムがない。

裁判によるヒューマンエラーの犯罪化は税金の無駄遣いであるばかりでなく（その税金は安全性向上のために使えたはず）、司法システムが守ろうとしている社会の利益を損なうことになる。実際に、再発防止のためには別のアプローチのほうが、はるかに効果的である。

麻酔科医のアラン・メリーは次のように明言している。

「一九八二年に子どもが亡くなった事件のように、麻酔中の患児への酸素の十分な濃度の管理にかかわる事故を減らすためには、低酸素症防止装置を麻酔器に取りつけたりパルスオキシメータ*を広範囲に採用したりするほうが、麻酔科医を過失致死罪で有罪にするよりもずっと効果的です。[10]」

＊ 指先を洗濯バサミのようなセンサーではさんで、非侵襲的に動脈血の酸素飽和度を光学的に測定する装置。

システムの中にいる人間に対して、システムが学習し、よい方向に変わるための手助けとなることを目的としてミスの説明を求めたいなら、実務者を逮捕したり判決を言い渡したりするべきではない。

司法手続きと公正

「ちょっと待った。裁判によって、何がなぜうまくいかなかったのか、どうしたらよいかが明らかになるのではないか？」と思うかもしれない。しかし実際には司法システムは、何が起こったのかについての有用かつ公正な説明を引き出す機会からはほど遠い。真相の解明は裁判の使命ではないし、仮にそうだったとしても、特にそれが得意だというわけでもない。

プロローグの看護師の事例に戻ってみよう。子どもの死に対するすべての責任をその看護師の肩に背負わせても、何も生み出さないし、このことを公正あるいは公平とは考え難い。この事故には多くの人がかかわっていたし、問題となっている薬を彼女が処方したわけではない。しかし、子どもの死の衝撃が続く中で、裁判の手続きは他の要因による影響を軽視、あるいは無視することになった。そして、結果的に、複合したシステムの欠陥をたった一つの単純な説明で済ませるという、似たようなインシデントがどのように生じたかに関する過去の研究と矛盾する結論を下した。

潜在的な事故の危険は、私たちが専門家の仕事に求めている実務そのものに織り込まれている。第2章で取り上げたパイロットの刑事裁判において、霧の中で着陸しようとした行為は「乗客を危険にさらした」という点で有罪であるとの判決が出た。「俺なんかいつもそうだよ」と、同僚のパイロットは言う。「それが航空というものさ」[11]と。

パイロットや看護師、医師、あるいは同類の実務者は、毎日他の人々の生命を危険にさらしている。彼らの活動の何が、どこまでが通常の行為で、どこからが犯罪的かを評価することは非常に難しい。実務者を起訴するかどうかという判断は、結局のところ場当たり的で、起訴される側の実務者はこのことを非常に不公正であるとみなしている。

プロローグの看護師マーラが告発された年に、三〇〇を超す深刻な医療過誤が同じスウェーデンの厚生当局に報告されている。他の研究によると、回答した麻酔科医のうちの実に八九パーセントが、過去に薬の管理においてミスをおかしていると答えている。しかも、そのうちの多くは二度以上の経験があり、一二・五パーセントは患者に被害があったと報告している[12]。それでは、なぜマーラだけが罪に問われ、他は誰一人として訴えられなかったのか?

司法手続きの核心は、責任を一人または少数の人が取った二、三の行為に絞り込むことにある。しかし、それゆえに、複雑でダイナミックな今日のシステムにおける事故原因にたどり着くことができなくなる。基本的に安全なシステムを崩壊へと突き落とすためには、必要かつ集合的に十分となる多くの条件がかかわらなければならない。容疑者が取った行為は、必要条件ではあるが十分条件ではない。このため、複雑な出来事に関する司法手続きは論理上「公正」にはなり得ない。

司法システムが行う事故の説明には様々な限界がある。その制約は、司法がその仕事を行う方法に起因する。たとえば、以下のようなものがあげられる。

- 司法手続きにおいて、証拠の捜査や検討を合理的に説明する方法。
- まるで台本のように発言の順序を細かく決める方法とその表現方法。
- 何が「事件に関係あるか」を限定する方法。それは異なる専門領域を扱う場合にも画一的に制約されている。
- 「偶然の事故」や「ヒューマンエラー」といった用語を排除する方法。法律にはそのような概念がないからやむを得ない。

ここで述べていることは、司法の伝統が持つ妥当性や権威を、少なくともその原則において、否定するものではない。むしろ、失敗の事例に対する裁判の一つの伝統、一つの視点とみなしている。司法の伝統は検察官や裁判官が権力で人々に法を守らせる一つの方法であり、ある事件を記述する際に他にもいろいろな可能性がある中で用いられる一つの言語である。

司法システムに要求されて引き出された説明責任は、正当性を欠き、押しつけがましく、無知であるとみなされやすい。もしあなたが、ある現場（病院、コクピット、制御室、警察管区）で専門的に仕事をする際のイロハすら知らない誰かによって説明責任を追及されたら、あなたは彼らの要求を、不公平で乱暴で無知なものとみなすだろう。まさに、不公正なものであると。これまでの研究によると、このような要求や追及は、公共の利益のために自発的かつオープンに学ぼうとする方向には働かず、情報開示の減少や、立場の違いによる対立をもたらすという結果を生む[13]。

司法手続きと安全

もし、事故に対する司法手続きが公正さを欠く可能性があるならば、安全に対してはどんな影響を与えるのだろうか？　ここでは、安全にとって逆効果となるいくつかのことについてまとめてみよう。

・インシデントを裁判にかけると、**人々はインシデントを報告しなくなる**。たとえば、本章で例にあげたオランダの航空管制においては、滑走路への誤進入というインシデントに対して刑事訴追が行われた翌年、インシデント・レポートが五〇パーセントにまで落ち込んだ。興味深いことに、判決が出るどころか、裁判が始まってさえいなかったにもかかわらず、である。すなわち、刑事訴追の恐怖は、人々に安全に関する情報提供をためらわせる効果を持つのである。

・司法手続きが適用されること、あるいはその可能性だけでも、それらに対する**脅威の風潮を生み**、情報の共有に対して積極的に関与する意欲を失わせる。このことは、ある組織がその組織内で発生したインシデントに学ぶ潜在的な能力を阻害する。人々は、安全に関する記録装置の設定を不正に変更したり、あるいはその装置の動作を止めてしまうことにすら、手を染め始めるのである。

・司法手続きは**監査業務の妨害になる。**監査を担当する立場の人は、たとえば調査報告書に「逸脱」という語を使うかどうかなど、言葉の使い方により慎重になるだろう。監査担当が「逸脱」に気づいた場合、それはたいていなんらかの規制ルールからの逸脱であろう。そして、規制にはその基になっている法律がある。つまり「逸脱」は、容易に法律違反、すなわち犯罪になり得る。このことは、結果として情報源である実務者を黙らせることになる。監査担当は、何が間違っていたか、そしてどんな改善が必要かということに対して、直接的に迫ることができなくなるのである。

・司法手続きは、**インシデントが恥ずべきものであるという誤った考え方を助長する。**あるインシデントを犯罪として扱うことは、その作業環境で働くすべての人に、インシデントがプロとしては恥ずかしいものであり、避けられた何かであるようなメッセージを送ることに他ならない。そして、インシデントを避けられなかったときには、そのことを頭から否定したり、隠蔽したりする結果を生む。

・逮捕されたり裁判にかけられたりする可能性を考えることから生じるストレスや孤独感は、**実務者の仕事におけるパフォーマンスを低下させる。**どのようにふるまったら法的なトラブルに巻き込まれないかということに認知的な努力を割くことは、質の高い作業のために割り振られるべき注意力を損ねる。(14)

・最後に、事故後の司法手続きは、**情報の出所に対する調査目的でのアクセスを妨げる**ことにもなる。人々が事故調査に対して協力的でなくなるからである。[15] このことは、調査担当者が重要な情報を得ることを困難にする。司法手続きによる捜査が同時に行われている場合は特に困難であろう。一方で、事故後の刑事訴追は人々が調査に協力する姿勢に影響しないという報告もないわけではない（少なくとも一つの組織から提出されている）。とはいえ、このことはむしろ、従業員たちが防衛的な姿勢をごまかす方法の巧妙さを示している。事故とその事故に対して刑事責任を問われることは、インシデントに対する責任とは質的に異なるものであると判断されていると言えよう。

アメリカの国家交通安全局（NTSB）が、一九九九年に三人の死者を出したワシントン州ベリンガム近くで起きたパイプラインの爆発事故について調査している最中に、連邦検察官が犯罪捜査に着手したことがあった。検察官はパイプラインのオペレーターたちに証言するよう圧力をかけたと報じられている。彼らのうち何人かは、合衆国憲法第五条（黙秘権）を行使した。彼らは検察の質問への回答を拒否しただけでなく、NTSBに対しても同じように黙秘権を行使したのである。[16]

民事上の責任

ここまで、刑事責任を追及する司法手続きについて述べてきた（次章でも述べる）。それには理由がある。すなわち、ヒューマンエラーが犯罪として扱われる傾向があるからである。公正な文化の二つの目標に到達する方法として、司法手続きというものが適切なのかどうかを評価することは有用であると考える。ここでいう二つの目標とは、説明責任を果たす目的で失敗の説明をすることと、安全の向上のための機会として失敗を活用すること、である。そして、これまで取り上げてきた実例は、犯罪化の流れが決してこれらの目的を達成する助けにはならないことをはっきりと示している。

一方、不法行為の賠償責任、あるいは民事上の賠償責任という形でかなり以前からヒューマンエラーが扱われている。特に医療の分野では多い。不法行為とは法律の専門用語で、刑事ではなく民事上の不正を意味する。民法*においては、正式な契約を取り交わしていなくても、ある法制地域内のすべての市民に賠償責任の義務がある。刑法では、裁判所がある行為を犯罪であると結論づけると、国家が懲役や罰金などの刑を科す。一方、民法では、もしある行為が不法行為であるとされた場合、通常その行為によって負傷や損害を被った相手方の被害に対する金銭的な賠償を科される[17]。民法もまた、ヒューマンエラーを裁く場合には、安全にも正義にも寄与しないと批判されている[18][19]。

・民法においては、エラーの被害者を救済する機能が公平ではない。ある研究によると、「過失」によって損害を受けた患者の七分の一しか過誤訴訟を起こさないという。高齢者や低所得者は民事訴訟のシステムから排除されている[20]。

・民法では賠償金の配分もまた非効率である。管理費用が総費用の五〇パーセントを超え、勝訴し

た原告が取り戻せるのは、二・五ドルの訴訟費用に対してわずか一ドル程度であるという。(21)

・過誤訴訟は、金銭的賠償の唯一の機会である。しかし、この手続きは、安全性の向上のための改善を求めることを目的としてはいないし、当事者に対して謝罪や懸念の表明などを促す役割も持っていない。

・民事訴訟には、審理前証拠開示手続きや情報の開示と保護に関する様々な規則などの実務が含まれる。そして、もちろん、裁判はそれ自体が敵対的なもので、人々を相争う立場に立たせる。結論的には、民法は、再発防止のために、何が問題で、何をすべきかといったことを見出す助けになるどころか、むしろ、真実を明らかにすることをかえって困難にする。

・対立的な裁判の過程は、中立の裁判官や陪審員に対して、双方から一方的で情け容赦のない意見表明をすることが、「真実」に近づくための最善の方法であるという考えに基づく。第7・8章で明らかにしたように、複雑な出来事から何かを学びとろうとするならば、複数の視点が必要不可欠と言える。しかし、それは、たった二つの視点から見た、一方が真実であると認められれば他方が自動的に誤りであると決めつけられがちな、対立する二つの物語を意味するわけではない。しかも、これら二つの視点を主張する人たちは、こうした問題についてよく知っている人ではなく（すなわち医師や患者ではなく）、問題の詳細からは遠い立場にいて、様々なことを法律用語に変

＊ 原語は tort law（不法行為法）。不法行為による被害・損害を受けた市民が補償を求めて訴えるための法律。民法の一種であるが訳文では「民法」とした。

換するために存在する弁護士なのである。このことは、問題が発生した時点における当事者たちの行動や意図の意味からは遠ざかることを意味する。

このように、刑事裁判が人々のミスを防ぐのでなく、むしろミスについて話すことをためらわせるような手続きであるのと同様に、民事訴訟は質の高い医療よりも、自己防衛的な医療を助長することになる。(22)

証拠のまとめ

刑事にせよ民事にせよ、司法手続きが適用されたヒューマンエラーの事例は、インシデントやアクシデントの後で行われる司法手続きが安全に対して悪い影響しか与えないことや、公正な文化を構築する助けにならないことを示唆する。

専門家集団の内外にいる多くの人は、ヒューマンエラーが犯罪として扱われる傾向をやっかいなことであるとみなしている。もし、裁判が社会に奉仕するために存在するなら、ヒューマンエラーを訴追することは、極めて根本的な部分でその足かせになるだろう。長期にわたって、エラーを犯罪、あるいは有責の過失として扱った場合、安全の仕組みは脆弱になるだろう。エラーを犯罪化したり、民事賠償を求めたりすると、次のようなことを生み出す。

・安全にかかわる調査の独立性を損なう。
・安全と危険が紙一重である業務に就いている人々に、注意深く仕事をする意識よりもおそれを植えつける。
・組織は、業務そのものに注意深くなるよりも、文書記録を残すことに対して注意深くなる。
・当事者からの証言が得られにくくなることによって、安全監査官の仕事がやりづらくなるし、報告書には検察官の関心を惹かないように配慮された文章が並ぶことになる。
・公正や安全に寄与しない司法手続きに費用がかかることによって、税金が浪費される。
・金銭的な賠償よりも、当事者の謝罪や、人が傷ついたことについての認識を求める被害者の願いを無視することになる。
・真実を語ることをためらわせ、その代わりに、専門家仲間のかばい合いや言い逃れ、自己防衛を助長する。

もし司法手続きが説明責任を引き出す中心となるならば、何が起こったかについて自由に語るような雰囲気を醸成することが困難になるだろう。先に述べたように、法の適用が増えていくことをどこかで終わりにしなければ悪循環に陥る危険性がある。このまま放置しておくと、互いに自由に意見を交換することがますます困難になるだろう。司法システムが説明責任を引き出そうとすることで、説明責任を徐々に窒息させてしまうのではないだろうか？

第10章　公正さを追求する裁判の関係者たち

人々に説明責任を課す方法は、いくつもある。そして、そうした方法の多くは司法システムと張り合うこともないし、「真実」と競合することも、防衛を生み出すこともない。防衛は、真実を歪めたり、安全への努力を蝕んだりする。

司法システムは説明責任に一つの形を与えるかもしれないが、法的措置によって、いつも「完全な」、あるいは有意義な形で説明責任が果たされると考えるべきではない。取り調べや裁判の過程で実務者から搾り出される説明は、必ずしも率直で、完全な、偏りのない、心を開いた、あるいは正直なものであるとは限らない。裁判にかけられた実務者が防衛的、敵対的になり、情報開示がどうしても限定的になってしまうのは当然だろう。

では、そのように仕向けている当事者は誰か？(1) 誰の利益が脅かされ、なぜそれらは衝突するのか？　たいていは社会の長期的利益を害するように働いてしまうリスクを、社会はどのように扱えばよいのだろう？

被害者

インシデントや事故の後に取られる様々な法的措置から最も恩恵を受けるべきなのは、最も大きな影響を受けた人、つまり被害者である。プロローグの事件の子どもの両親や、航空機事故の乗客の家族である。

ほとんどの国で、被害者は裁判で事実の証人の役割を与えられる（加えて、いわゆる衝撃陳述が米国では一般的になっている。この場合、証人として出廷した被害者が、陪審員に事故や「犯罪」の感情的被害などを訴えることが許されている）。

被害者の宣誓証言は、彼らが被った感情的また実際的な被害から、出来事の事前、最中、事後に、たとえば医師や他の医療者が取った行動がどう見えたかまで、事件にあらゆる角度から光を当てることができる。被害者は進展中のインシデントや事故を眼前で見ていることがあるので、その場にいなかった人にはわからない側面が明らかになる。

逆に、裁判官（あるいは陪審団）がこれを利用して議論を誘導することもできる。たとえば、裁判所が推定無罪の原則を貫き、「容疑者」の語を使うことを良心的に避けて、代わりにより穏やかな「被告」*あるいは「被疑者」の語を使ったとしたら、このことは被害者の立場にどんな影響を及ぼすか？また、被害者は、被告あるいは被疑者の立場にどんな影響を及ぼすか？

証明された犯罪がなければ、犯罪被害者は存在し得ない。法廷において被害者の説明に強い力を持たせると、容疑と有罪の間の差異を見えなくしてしまうかもしれない。偏りのない態度を維持し、推定無罪の原則を貫き通すことは難しくなるかもしれない。

しかし、被害者が法廷で宣誓証言をすることには別の重要な機能があり、それは時にはこれらのリスクに勝る。法廷での宣誓証言は、被害者が他者に言い分を聞いてもらう機会を提供する。これが非常に重要である。被害者はたいてい、自分の話を、あるいは少なくともその一部を語りたがっている。裁判は、誰かが真剣に被害者の話に耳を傾ける最初の機会となり得る。

そのような行き場のない切なる願いが、被害者を法廷に出かけさせる背景の一つかもしれない。エール大学の社会学者、マイケル・ロウは、二度にわたる肝臓移植の失敗による息子の死についてのエッセイの中で、そのことを述べている。

「医師を訴えた人の多くは……自分の悲しみを――おそらく愛する人の生涯も――無視されたとき、あるいは、それらが沈黙によって置き去りにされ、価値のないものだと宣言されたとき、その気持ちを持っていく場所が他になかったのである。(2)」

しかし、法廷で自分の言い分を聞いてもらえる人ばかりではない。被害者は代わりにメディアに目

＊　原語は defendant で、民事訴訟で訴えられた人のこと。

を向ける。メディアは、インシデントや事故の説明が、当事者の一方の側からだけ行われている事態に、待ったをかけるだろう。

このとき、悲劇的なインシデントを起こした組織にとって重要なことは、被害者の関心と要求を確認すること、しかも直ちにそれを行うことである。しかし、すべての組織が、被害者のニーズに敬意を持って迅速に対処することのできる、よく組織された担当部署や方法を持っているわけではない。被害者の基本的な欲求は、理解されること、そして、自分の側のストーリーを語る機会を与えられることである。それが実現するまで何カ月も待たされることや、組織に無理強いして聞かせることを望んではいない。

被害者はエラーをおかした者を裁判にかけることによって正義が実現されると信じているか？

裁判が被害者にとって自分のストーリーを語る最初の機会であるなら、その点で正義の一部が実現したように思える。しかし、告発の帰結についてはどうだろうか。被害者はそれらを「公正」とみなすだろうか？ 記録は驚くべきものである。プロローグの事件では、被害者の子どもの母親は、裁判の目的と公平性について、結審するかなり前から不信感をもっていた。他にも同様の例がある。

旅客機二機が空中衝突したある事件が犯罪とみなされ、ユーゴスラヴィアの航空管制官らが殺人罪で告発され、投獄された。死者は一七六人だった。事件は一九七六年のことで、当時ザグレブ*

はヨーロッパ有数の多忙な航空管制センターだった。当地のナビゲーション・ビーコンは航空路の交差点となり、南欧、東欧、中東、極東の各地域、さらに遠くへのフライトに非常によく利用されていた。しかしながら、センターは構造的な人員不足がここ数年続いていた。事故当時、レーダーシステムは試験中で、管制センターの無線送信機はしばしば不具合を起こしていた。いくつもの言語が使われ、管制卓にいいかげんなデータが表示されたあげく、一機の航空機が他機と同じ高度まで降下してしまった。三秒後、左翼が相手機のコックピットに衝突し、両機は墜落した。事故調査の結論は、「不適切な航空管制指示」であった。航空当局の役人がザグレブ管制センターには少なくとも三〇人の管制官が不足していたと宣誓証言したにもかかわらず、一人の管制官だけが責任を問われ、禁固七年の判決が下された。注目すべきことに、結果的に成功はしなかったものの、衝突の被害者の父親の一人が、管制官の投獄に反対する運動を行った。彼はその後、他の管制官らが起こした、二年の服役後に恩赦を求める活動に加わった。(3) ザグレブ地域の航空管制システム全体は、一九九〇年代に入ってようやく改善された。

ここに、エラーに対する責任を被告人である現場の実務者に負わせることに、被害者が疑問を感じる理由の一つがある。問題の発生を助長した組織は、しばしば無傷で残る。彼らのビジネスを動かし

＊　現在は旧ユーゴスラヴィア連邦から独立したクロアチア共和国の首都。

ている規範、価値観、方針、規制には批判的検討がなされない。

最前線のオペレーターを裁判にかけるのは、シングル・ループ・ラーニング*の例である。失敗に接触し得る最初の部分（多くは人間）に焦点を当て、その部分のみを取り替えるだけなのだ。(4)

これではあまりに安易で、拙速で、お手軽すぎると思う被害者もいるだろう。そして、問題の核心、つまり事故の再発はないということを確信することができない。多くの場合、事故の再発防止こそ被害者に残された数少ない願いの一つである。被害者はすでにインシデントやアクシデントで家族の命を奪われたり傷ついたりしており、誰かを投獄しても彼らが失ったものが戻ってくることはない。かわりに気持ちを支えるのは、事故が再発することはない、自分が味わった苦しみを二度と他人が味わうことはないという確信を得ることである。

被害者は、裁判による救済方法が非常に限定的なもので、ただ一人の人間の行動の正誤を判断するにすぎないと気づいたとき、この願いは叶わないと悟るだろう。被告席に座っているのがオペレーターでなく管理者や経営者であっても、事態がよくなるわけではない。欠陥のある経営や管理が攻撃され、システム全体に拡散した失敗の責任を被告らは個人として問われることになる。これが合理的あるいは公平だと思う人は、被害者の中にも多くはないだろう。

被害者は金銭的補償が目当てなのか？

金銭的補償についてはどうだろうか？　被害者は金銭的補償に関心があり、その理由で告訴したり告発に協力したりするのだろうか？　そうではない。たとえば、医師に対する訴訟でよく見られることだが、患者や家族が金銭を得るために法的行動を起こすこと自体が驚くほどまれであるだけでなく、最初からそうすることはない。彼らは最初に、何があったかを明らかにしてほしいと訴える。(5) 患者と家族は、不都合な出来事にかかわった実務者や組織から相手にされない、すなわち相手に「説明」するつもりがないとわかるまで、概して法的措置を取ることはない。被害者が望んでいるのは、実務家や組織に説明責任をともに果たさせること――それは文字通りの説明責任であり、通常当初は損害を与えたり報復したりするためではない。彼らは関係した実務者と雇い主である組織の側からのストーリーを聞きたいと思っている。何が間違っていたのか？ どこが？ なぜ？ どうすれば、他の患者や乗客、兵士の妻たちを同種の失敗から守ることができるか？ 多くの場合、最も熱心になされるのはこれらの質問である。

こうした情報を開示させる手段が他にない場合、人々は「説明責任」を実行させるための最後の方法として司法にすがる。繰り返しになるが、こうした強要下でなされた「説明」は当然、何が起きたかということにはほとんど関係なく、個人あるいは組織の既得権益を守ることに関係するものとなる（第9章参照）。

* Argyris & Schon (1996) は組織学習のレベルをシングル・ループ・ラーニングとダブル・ループ・ラーニングに分類した。前者は単純な負のフィードバックで、システムが危機的でない状況下で有効性を発揮する。後者は、システムの安定性を達成するためにシステムの目標の見直しや、外部環境を変化させることなどをも含む。組織の長期適応の実現のためにはシングル・ループラーニングでは十分ではなく、ダブル・ループ・ラーニングが必要である。

刑事事件の被疑者・被告人あるいは民事事件の被告

裁判にかけられている人物（一般的に刑事事件では「被疑者・被告人」、民事事件では「被告」）は、現実に二種類の負担に悩まされる。

・**心理的負担**――被疑者・被告は、烙印を押され、過大なストレスを経験し、惨めさ、孤立、恥、絶望を感じる。裁判の手続きは本質的に法律以外の専門職の実務者にとっては未知の言語で進められ、彼らは進行しつつあることやその結果をほとんどコントロールできないと感じるだろう。

・**現実的負担**――取り調べ時間やかなりの金銭的費用（罰金、裁判費用、弁護士の報酬）が含まれる。こうした費用は医療過誤などに対する民事訴訟の場合は保険で賄われるが、それ以外は、刑事訴追の費用を補償する保険に入っている実務者は今のところほとんどいないので、専門職団体（時には雇用主）が負担する。刑事訴追の現実的負担の他の一つは、業務資格（免許）を失う危険性である。刑事事件であれ何であれ法的な汚点となる記録は、組織によっては、要するに実務者を追い払う十分な理由となる。資格の喪失はしばしば収入、生活の糧の喪失を意味する。それはまた、同僚、友人、人脈、そしておそらく生きることの意味自体をも失うことを意味するかもしれない。その実務者を配置転換する余裕のある組織もあるが、すべての組織にそのような余裕があるわけではない。

資格が剥奪されなかった場合でも、雇用組織はもはや実務者を業務に就かせようとしないし、実務者本人も辞職を選ぶだろう。キシロカイン事件の看護師は看護師免許を剥奪されなかった。奇妙な法的ルールのために、いったん司法が介入したら医療資格委員会は捜査の情報を得たり、それに影響を及ぼしたりすることはできなかったのである。彼らには事件や看護師の実務能力について独自の判断をすることは許されなかった。彼女は現在でも看護師免許をしっかりと持っている。しかし、それに何の意味があるだろうか？　彼女はもう現場に戻るつもりはない。医師がどれほど読みやすい処方箋を書いても、彼女には取り扱えそうもない。患者の点滴液一つ吊り下げるにも、果てしなく自問し確認し続けなければならないだろう。もはや有能な看護師にはなれそうもない。おそらく安全な看護師にも。

ほとんどの国で容疑者の宣誓証言は法廷で証拠として採用される。興味深いことに、裁判所は自白に対してかなりの程度、あるいは全面的な関心を示す。否認は概して説得力がないようだが、容疑者が「罪」を告白すると、それは有罪判決に十分な根拠となり得る。他の証拠は必要とされないくらいである。

それによって何が起きるかというと、警察あるいは調査機関が時として容疑者*がある特定の事柄を

＊　起訴される前は「容疑者」、起訴されて裁判にかけられると「被疑者」と呼ばれる。

思い出す「手伝い」をしようとし、あるいはある特定の言い回しでそれを証言させようとすることである。加えて、国によっては、裁判所は尋問記録の要約のみを検討する。それは検察が被疑者を実際に取り調べてから数カ月も後に作成された可能性があり、被疑者が言いたかったことと、裁判官もしくは陪審団が記録から読み取ったものとの隔たりは極めて大きくなる。

このために、被疑者が自分はカフカ的な不条理のプロセスに捕らえられていると感じても不思議はない。彼らは自分が知らないか理解していないことで告発されている。なぜならば、彼らは自分の世界、自分の専門知識を作りあげている言語とは全く異なる言語の中に放り込まれたのだから。

検察官

検察官は法を守り、維持する最前線に立つ。彼らはどの行為が告発されるべきかを決定する。検察官の役割は、国家に代わって刑事訴追手続きを行うことである。

起訴状の内容は何か？

インシデントの後で、起訴するかどうかの決断を下すのは非常に難しい。起訴の決断を下す中で、検察官にはなんらかの指針やその分野の専門家の意見が参考になるだろう。しかし、専門家の客観的な意見を得ることが難しい場合もある。起訴に踏み切るかどうかは検察官の専権事項である――原則的には。しかし実際には、様々な方向から圧力がかかる。

・政治的圧力——検察官が選出された選挙区[*]の選挙民が、「起訴しろ」と要求するかもしれない。検察官を任命した議会の政治家たちが、様々な方法で、起訴するよう圧力をかけてくるかもしれない（政治家というものは、問題について「何かをしている」ように見せたがるから）。
・メディアの役割はここでも重要である。メディアが人々に説明責任を求めだすと、政治家もそれに同調する。
・逆に、「起訴するな」という政治的圧力もあり得る。ある種の組織や専門職団体は、検察官が特定の企業の専門的なインシデントには手を出さないようにロビー活動をし、政治家や他の利害関係者の同意を取りつける。

何を起訴するかは明確である——原則的には。法律や法体系を見る限りでは。しかし実際は、特に「ヒューマンエラー」の事件では、もっと恣意的かつ非体系的に見える。その大きな理由の一つは、こうした起訴に使われる法律の種類である。そのほとんどは、一般的リスク法令と呼ばれるものに由来する。それはたとえば、他の人々の「生命を脅かすこと」を禁止する。多くの国で、こうした法令の起源は、道路交通法、あるいは日常生活の通常の状況下において第三者に損害を与えた事案に関する法律にある。こうした法律は、故意に曖昧になっており、その法体系は当然のごとく多様だが、そ

＊　英国などでは、司法行政地区ごとに地区住民の利益を代表して刑事訴追を司る者（prosecutor：ここでは「検察官」と訳した）を選挙で選ぶ制度がある。

れは、裁判官もしくは陪審団が扱わなければならない状況が果てしなく多様なためである。しかし、こうした危険やリスクについての一般的概念を、ハイリスクで安全と危険が紙一重の業務に携わる実務者の作業結果の有責性についての考察にもち込んだときに、何が起こるかを考えてみよう。彼らの仕事そのものが、他の人々の生命への脅威を含んでいるのである。

情報公開法が存在するために、多くの国で安全関連情報は保護されていない。しかし、検察官は通常、告発できる行為の証拠を見つけるために組織のデータベースを調べることはない。たいてい、他の何かが検察官の関心を呼び起こす。たとえば、メディアの報道をきっかけにして、あるエラーの重大性に気づくかもしれない。これは、検察官が地方紙に載った看護師の話を偶然目にしたキシロカイン事件のように、全く偶発的に起こることもある。メディアは時に極めて犯罪的なエラーがあったように描き（まだ何も調査が行われていなくても）、検察官の想像力をかき立てる。

まるで検察のような安全調査

検察官と裁判官は、公式の調査報告を法的手続きのために使うことが想定されていない——少なくとも、多くの国でそのような規則が設けられている。つまり、公式の調査報告は裁判の証拠として使用できない。* しかし、それらの法律に、検察官ないし裁判官が、一般に入手可能な報告を他の市民同様に読むことを禁止する条項はない。

過去数年間、私は様々な調査機関から、インシデントや事故における人々の行動をどのような文言で記述するかについて相談を受けてきた。これらの事件はすべて、司法当局が注目しているものだった。関係者は、裁判官と検察官が調査報告書の完成を待っていることを知っていた（公式には司法捜査にそれを使うことが想定されていないにもかかわらず）。

二人のパイロットが航空機の配置替えの飛行中に起こした航空機事故について、国家運輸安全委員会（NTSB）が最近出した結論は、いくら犯罪化の傾向が実際に生じているとしても、納得できないものである。この事故では最初に、高高度飛行中の思いがけない影響によってエンジンが止まった。それは乗員が訓練を受けていないものであった。彼らがエンジンを再起動しようとしている最中に、よくわからない他のトラブルも起きて（このエンジンは以前にも飛行中の再起動で問題を起こしていた）、二つのエンジン故障と失速に見舞われた。操縦マニュアルには、彼らが陥ったこの状況からいかに回復するかについて、具体的指示は載っていなかった。

しかし、NTSBは、「飛行時のパイロットのプロらしからぬ操作は意図的であり、この事故の原因である……パイロットの行動が直接的に問題を引き起こし、その結果である緊急事態への不適切な対応が状況を悪化させ、ついに機体を回復できない状態に至らしめた……推定される原因は、パイロットらによる標準的な操作手順からの逸脱と飛行技術の低さである」[6]と考えた。こうした反応は理解できる（妥当とすらみなせる）一方で、それは本来事故調査が担うべき役割（非難

＊　日本では航空鉄道事故調査委員会（二〇〇八年一〇月からは運輸安全委員会）の報告書がそのまま警察に鑑定書として提出され、裁判の証拠となる。

すべき人を見つけるのではなく、再発防止を目的とする）と両立しがたい。また、プロ意識の欠如が実務者のエラーと事故の直接的原因だと決めつけたことは、訓練の不適切さ、高高度操縦への一般的な不慣れ、エンジン再起動の問題履歴、不完全な飛行マニュアル、深層にある数多くの組織の問題など、広範囲に存在する様々な要因から注意をそらすことになる。

おそらく調査報告書の文言が目指すべきなのは、行為者当人がそのとき、なぜ、その行為をせざるを得なかったのかを説明することであって、悪い結果に先立つ行為が誤りであったかどうかを決めることではない。(7) 安全調査委員会は検察の仕事をしてはならない。

真実の発見者としての検察官

ナポレオン法典の伝統――糾問主義的法*とも呼ばれる――に由来する法を持つ国々では、検察官あるいは捜査官に「真実の発見者」の役割を与えるところに特色がある。その意味は、事件にかかわるすべての事実、容疑者を無罪にするものもその関与を酌量するものもすべてを見つけ出すことが検察官に課されているということである。ちょうど裁判官や陪審団と同じように、検察官も被疑者の有罪が証明されるまでは無罪であると推定しなければならない。

訴追者としての役割と調査者としての（中立的）役割をこのように組み合わせるのは、難しいことでもある。治安判事や検察官は、他の事実よりも特定の事実に焦点を当てがちである。裁判官と検察官を別に立てる弾劾主義**の手続き――英米法の伝統に由来する――では逆に、実際に検察は攻撃側とみなされる。しかし、前章で示した通り、敵対的な場面で互いに反する二つのバージョンの「真実」を配することは、事実を知り、それについて何をすべきかについての意味のある正直なストーリーを手にするための最良の方法ではないだろう。また、対立する検察側と弁護側が入手できる資源は極めてアンバランスで、検察官はおおむね有利な立場にある。

検察官は実際のところ、安全調査のために集められた証拠に簡単に接触し、刑事事件に使うことができる。米国では、国家運輸安全委員会（ＮＴＳＢ）の調査官を民事事件で宣誓証言のために召喚することはできるが、ただし証言の内容は事実に基づく情報のみである。事故調査で収集された情報についての分析や意見を述べさせることはできない。一方、刑事事件の法廷で証言するために召喚された場合は、そうした制限はない。

また米国では、刑事裁判でコックピット・ボイス・レコーダー（ＣＶＲ）の実際のテープを使うことに法的な制限はない。ＮＴＳＢは、ＣＶＲの利用を厳しく自主規制しているにもかかわらず、規制は他の機関には及ばない。たとえば、ＮＴＳＢはＣＶＲの実際のテープを聞くことができる者を厳密に制限しており、その人々はテープの内容をメモしてはいけない。委員会は、録音やそのいかなるコピーも発表せず、安全調査に直接関係する部分に限って録音の写しを一般公開する

＊　裁判官が直接被疑者を取り調べて、罪の判断をする。
＊＊　裁判官は中立的立場で有罪か無罪かを判断する。

のみである。しかしこうした規制は、NTSBの内部にしか及ばない。たとえば、刑事事件の検察官がCVRのテープを証拠として法廷に提出させる召喚状を発行し、法廷でそれを使うことすらできるのである。(8)

被告側弁護人

被告側弁護人には、被告・容疑者の弁護戦略を組み立てるという重要な役割がある。たとえば、被告が特定の質問に答えない、あるいは全く宣誓証言をしないよう勧めることもできる。被告が黙秘することを選択すれば、裁判官や陪審団は被告の有責性について結論を引き出せないだろうと考えるのだ。しかし、社会的関係と説明責任の基本的性質から言って、そうした黙秘は責任を回避したいという願望と解釈されるかもしれない。

多くの被告側弁護人は、安全と危険が紙一重にある専門職の実務の機微を理解できそうにないという、現実的問題に直面する。実際のところ、理解する必要がないのかもしれない。特定の行為が有責か否かの議論は法的解釈に基づくのであって、内部関係者がその時点でその実務領域で考えるリスクの意味や規範的境界、この程度ならよしとされるパフォーマンスについての深い理解によるのではない。実際、法廷で人々の頭を混乱させる難解な法律用語（たとえば「過失」）は、仕事のパフォーマンスを表す言葉ではない。こうしたことが法と実務の世界を二つに引き裂いている。

被告側弁護人にはまたいくつもの限界があり——予算、人的資源、調査における権限——、事件について独自の事実を掘り起こすことは難しい。対照的に、検察官はたとえば警察を動かして証拠を集めることができる（とは言っても資源には限りがあるので、検察官もしばしば競合場面に直面する。警察を他で動かそうという要求や必要があるかもしれない）。検察官は、政府の犯罪研究所や証人、科学捜査機関の協力が得られる場合もある。それに対して、被告側弁護人は、通常、事実の開示を自分の義務だと考えるか、あるいは容疑者を助けたいと思う人が自発的に開示してくれることに頼るしかない（ちなみに、雇用組織が自発的に情報開示することはめったにない）。これは、事件が実質的な背景よりも法的な背景の中で議論される理由の一つである。被告側弁護人にとって、検事と証拠集めを競うよりも、起訴事件を台なしにする手続き上の、あるいは形式上の瑕疵を見つけることのほうが、安上がりでより効果的な弁護ができるのである。

裁判官

糾問主義的法では、裁判官には一般的に三つの課題がある。

- 事実を認定する。
- 事実に法律違反が含まれるか否かを判断する。
- もし法律違反があれば、適当な懲罰ないし他の判決を決定する。

事実を認定する　最初の課題、事実認定はたいへん困難な課題である。つまるところ、様々な関係機関によって事実は集められ、主に検察官から法廷に提出される。ここで、事実と、解釈あるいは評価との境目が揺らぎ始める。もちろん事実は法廷で議論される。これこそ裁判を行うことの目的である。しかし、ある事実が生じた世界でその事実が意味するもの（たとえば、規則「違反」）は、容易に見失われる。裁判官や他の裁判関係者は、看護や航空管制といった特定分野の用語や実務を理解する専門性を必ずしも持っていない。彼らは、その分野内の人たちが自分たちの世界をどう見ているかを知らないし、そうした見方をする機会が与えられたとしても、自分が目にしたものを十分に理解できないかもしれない（第9章の航空管制の事件で、法律家チームはそうした機会を与えられた。看護師事件の裁判官たちはキシロカインのパッケージを見た）。その事実が実務の文脈内で何を意味するかは、ぼんやりとしかわからないだろう。

このために、裁判官は法廷に持ち込まれた事実の意味を理解する助けを、外部の専門家に頼ることがある。ここで、鑑定人が登場する。他の実務者や、問題の事項に関連した分野の有識者である。しかし多くの場合、裁判官、検察官、法律家が聞きたがるのは鑑定人の専門領域についての質問ではないので、彼らは回答を控えるか、自分の回答には自信がないと言わざるを得ない。どちらにしても、法廷での彼らの証言の信頼性や有用性を証明するものにはならないだろう。鑑定人は審理の助っ人として、裁判官が事実を理解することを偏りのない視点から手伝うことが期待されている。しかし、その鑑定人を選んできたのはどちらか一方の側であり、どちらの側も、自分たちのストーリーに好ましい意見を持つ鑑定人を見つけるのにどれほど探し回ったかを明らかにする必要はない。

法が破られたかどうか判断する　事実に違法性があったかどうかを判断するのは、事実を確定するのと同様かそれ以上に難しい。裁判官はどうやって事実から判断を導くのか？

科学者ならば、ある事実から特定の結果を導くには、その過程についての詳細な記述が求められる。一般的に、記述には多様な分析が含まれる。たとえば、研究者は、どのようにして文脈に固有の経験的な発見（「事実」）から理論的な結論に至ったかを示す。言い換えれば、科学者の知見は鵜呑みにはされない。彼らは、自分の知見を得た方法と過程を示す義務がある。これはゲームのルールとして繰り返し叩き込まれ、意見を公にする際の先行条件となっている。

しかし、裁判官には証明に伴うそうした義務は、同程度には存在していないようだ。ある事実から特定の結論（及びその結果としての判断）が導かれると考える理由は、数行の文章に記されるぐらいのものだ。

陪審員はこの点で裁判官よりましだろうか？　糾問主義的法では陪審団が事実から判断を導くことはない（刑罰を決定することもない）が、弾劾主義的法では一般的に行われる。陪審員は裁判官が直面する問題（陪審員も、実務家の分野の訓練を受けていないだろう。また、事実認定とそれに基づいて違法性を判断をすることもおそらく容易ではない）に加えて、新しい問題も招く(9)。その一つは、様々な集団行動の特性である。たとえば、集団浅慮や陪審員の中に支配的なボスが現れる現象などがあげられる。陪審員の人選も問題になる。特に、陪審団メンバーが、事件の特定の側面への投票傾向に基づいて人選される場合である。[*] 結果として得られた集団が「同僚による陪審団」となることはありそうにない。ここで裁かれる者の「同僚」とは、何年もの専門教育と実技訓練を必要とする、複雑で安全と危険が紙一重の専門職に就いている人々のことである。

妥当な罰を決定する

法律違反によって有罪判決を受けた専門職の被告はたいてい、刑務所に収監されないし、長期刑に服することもない。裁判官は、被告は更生しないと考えているようである。代わりに、罰金か執行猶予つき判決が与えられる。もちろん、どちらも実務者の領域での安全を改善する助けにはならないし、「公正」であるわけでもない。

立法者

立法者は、司法手続きや、公正の文化の創造に直接の利害はない。むしろ、自分に投票した有権者と利害を共有している。しかし、法律を制定する議員たちには重要な役割がある。彼らは法律の概略を描き、検察官と裁判官がその条文を明確化し、適用する。彼らはまた、国際社会と連携する国内法に利害がある。雇用組織や専門職団体は、関連する立法者へのなんらかの働きかけなくして、公正な文化実現への変化をもたらすことは困難である。

雇用組織

明らかに、雇用組織は社員である実務者の一人が起訴されることに、利益はないように思われる。たいていの場合、悪印象の報道がされ、企業名に汚点がつき、メディアに流れる経営陣の姿は悪者か無能に見える。

一方で、雇用者は組織の既得の権益を守らなくてはならないと感じるかもしれない。それには、ある程度防衛姿勢を取り、非難をかわす必要も含まれるだろう。

司法手続きによる直接的なストレスや難題相手に格闘する中で失われるものに、組織の倫理的な負託がある。それはたとえば、安全性の創造（たとえば航空管制）であり、あるいは人々のケア（たとえば病院）である。安全性の創造とは、失敗に対する単純な個人の説明に頼らないことを意味する。明示的であってもなくても、すべてを腐ったリンゴ（不良従業員）のせいにする過度に単純な説明を支持することは、組織に委ねられている負託そのものに対する裏切りとみなされてもしかたがない。実は負託に応えていなかったことが事故によって暴露されたからといって、社会からの負託が事故後に消滅するわけではない。医療＊＊、すなわち人々をケアすることとは、看護師や医師が失敗の責任を負わ

＊　陪審員の候補者の中から被告側・原告側が同意できる人を選ぶが、この過程で、様々な調査が行われ、ある問題に対する意見や態度が推定されることがあり得る。

＊＊　原語は health care（ヘルスケア）。

されたときも、その後も、その人を切り捨てないことを意味するのだ。

一部の職能団体は、インシデント後に実務者を援助するためのいわゆる危機介入や、ピア・サポート（同僚による精神的支え）、ストレス・マネジメントプログラムなどを展開している。こうしたプログラムの重要性はいくら評価しても過大評価ということはない。それらは、個人に対してはインシデントによる心の傷を軽減し、組織については事後処理をうまくすることで組織がよりよくなる。

犯罪をおかすために仕事を選んだ専門家はいない

公正さの法的追求に関係する様々なグループの利害を考える際に、ほとんどの専門家は不法行為や犯罪に関係するためにその仕事を選んだのではない、ということを覚えておくべきである。ずさんな仕事をするために働くことなどない。彼らの行為は、その時点で受けていたプレッシャーと目標の下でこそ、道理に適っている。彼らの行為は複雑な技術システムによって、その只中で生まれた通常業務そのものである。専門職の人々はなすべき仕事をしよう、よい仕事をしようとしている。生命を奪おう、傷害を与えようといった動機は持っていない。全く逆である。本書で取り上げている分野の専門家たちは、提供するサービスの質と安全を高めようと懸命に働いているのである。

第11章 公正な文化に対する三つの問い

「公正とは何だろう?」と同僚たちは、仲間の一人がインシデントを「引き起こした」後に問う。そして、「不公正な対応をされた場合、どのようにして自分を守ればよいのか?」と付け加える。「賢明な対応とは何か?」と管理者は問う。「人々――他の従業員や消費者、国民――は私にどうしてほしいのか?」と経営者は問う。その後、(検察官などの)他の関係者は、「私たちは介入すべきか?」と自問する。公正に対応しつつ、組織の団結・忠誠・安全を維持するにはどうすればよいかについて、考えてみよう。

三つの問い

多くの組織は、やっかいなインシデントの結果として失ったバランスを回復するために、(意識していようといまいと)現実的な解決策を取る。それらの「解決策」を少し詳しく調べると、実際は三つの基本的問いへの回答に集約できることがわかる。

1　組織や社会において、許容できる行動と許容できない行動との間の線引きを誰がするのか？

2　行動が許容できるかできないかの判断において、当該領域の専門知識*が果たすべき役割は何か？それはどこで果たすべきか？

3　司法による介入に対して、どのようにして安全データ（組織内のインシデント調査、もしくは公的な事故調査から得られた安全データ）を守るか？

国や組織、職能団体**が公正な文化に対して取り組む方向性の差異は、結局はこれら三つの問いへの回答のバリエーションにすぎない。バリエーションのいくつかはある文脈ではうまく働くが、他のものはそうでもない。また、回答のリストは決して網羅的ではないが、専門家や彼らの組織がどこに回答を導こうとしているのか（そしてそのことがよいか悪いか）について、より批判的に考えるきっかけとなるだろう。

だが一般的には、私たちは三つの問いに対して今のところ以下のように考えることができる。

問い1について　誰が線引きを行うのかについての取り決めが、社会や業界、職能団体もしくは組織の間で明確に行われていて、合意が形成されていれば、ある事件や出来事の経営的、司法的な決着が予測しやすくなる。つまり、取り決めが合意されていて、しかも適切なときには、事件の結果として起こり得ることについて、実務者は、不安や不確実性に悩むことが少なくなるだろう。

何が起きるかわからない不確実性に由来する不安はとても辛いものであり、様々な意味で不必要である。たとえば、医療過誤で訴えられる現実的なリスクは実際的には低いにもかかわらず、医師たちはそのリスクをとても高く認知している。そして、リスクを感じると、それがまだ現実になっていないにもかかわらず、不安が生まれる。不安は質の高い治療よりも防衛医療や無駄な検査をもたらす。組織の人間として、たとえ部下にインシデントの結果が不快なものだということを伝えなければならないとしても、全く何も言わないよりもまだマシである。

問い2について　線引きにおいて当該領域の専門知識の役割が強くなればなるほど、実務者と組織が、不公平、不適切な司法手続きを受けさせられることは減るだろう。

専門家なら、過去の作業に関する判断に紛れ込む後知恵バイアスから自動的に免れるかというと、そのような事実を示した研究は実際にはない。後知恵は誰にでもあるバイアスである。その影響を避けるには、最初から積極的な復元作業を行う必要がある。しかしながら、専門家たちは自身の経験からそのような状況をおそらく知っているので、そのとき、その人に当時の状況がどのように見えたかを容易に理解できる。判断が分かれるような行為に対して専門知識が公平な判断を下すのに役立つか

＊　原語は domain expertise で、医療、航空などの領域で専門家として働いた実務経験と専門知識のこと。

＊＊　原語は profession で、ここでは組織化された専門職集団を指すと思われる。

を以下に示す。

・専門家にとって、誰がどこに注意を向けていたかを理解するのは容易なことである。これは専門家が後知恵バイアスを簡単に回避できる一つの分野である。たとえ一連の出来事の結果、何のデータが本当に重要なのかが（後知恵で）明らかになるとしても、専門家はおそらくやっかいな、もしくは混乱した状況について、よりよい判断を行うことができる。その状況には後で重要とわかるデータが存在している。しかし、問題を起こした当人が、その時点ではなぜ他の作業や対象に注意を奪われたのか、専門家ならその理由を理解できるだろう。

・問題を起こした当人がそのときにめざしていた様々な目標を理解すること、また当時の状況では、これらの目標が適切だったかどうか、同じようにこれらの目標（たとえば、安全性対効率性、生産性対安定性）がそれぞれに対立し得るかどうか、そしてどのように対立しているかを理解するのは、その領域の専門家にとっておそらく容易なことである。目標間の葛藤があるときに、専門家は門外漢よりもその適切な優先順位についてよりよい判断を形成することができる。多くのシステムにおいて、ある一つの目標が別の目標よりも好ましいと明記されないで、暗黙に了解されているためである。部外者にはその種の情報が手に入らないだろう。

・当該領域の専門家にとって、一部の暗黙のルールや規範が、実務者の行動に影響を与えたかどうかを評価することも容易なことである。あらゆる種類の職能団体は、所属する専門家が従うべき不文律と国または職能団体が定めた規範を持っている。これらの暗黙のルールと規範に従わなければ、作業の完遂さえおぼつかないことが多い。もちろんその理由は、現実の状況における作業遂行のモデルとしては、明文化された指針や手続きが常に不完全であるからである。そのことは、実務者が明文化されたルールと実際の実務的な作業との間のギャップを橋渡しする必要があることを意味する。そのために実務者は多くの判断をしているが、部外者はその判断の基準について全くわかっていないし、仕事をこなす上でこのことが重要かつ必要であることを、おそらく理解していないのである。

一方、専門家には、他の専門家のパフォーマンスの質を公平に判断することを阻害する、他種のバイアスがあるとも言われる。たとえば、心理的防衛の問題がある。もし専門家が、失敗の可能性がその専門家の仕事につきものであり、失敗しやすい特性をたまたま生まれつき持っている特定の実務者固有のものではないと主張するなら、彼ら自身も失敗する可能性があることを認めることになる。時として、仲間が起こしたエラーは自分には起こらないと考えるほうが、つまり、そのエラーは起こした当人に特有のものと考えるほうが慰めとなる。

問い3について

安全関連情報が司法による干渉からより堅固に守られるほど、実務者は報告をより自由に行うようになる。もちろん、このデータ保護の問題は、問い1と2をどのようにして国や職能団体が解決するかと関連している。たとえば、国や職能団体は安全関連情報を保護しているが、通常、司法機関が「犯罪発生時」または「十分な根拠に基づいて正当化される場合」、または「刑法上の罪となる重大な過失や行為に対して」は安全関連情報にアクセスできるという例外規定を設けている。ここでとても重要なのが、誰が、何を「犯罪」とか「十分な根拠がある」とか「重大な過失」とかみなそうとするのかを明らかにすることである。なぜなら、そこにある不確実性（もしくは非専門家がそれを判断する見込み）は、そのシステムにおける実務者たちの信頼や報告・開示をしようとする意思を再度妨げ得るからである。

三つの問いに対する限定的な解決策

限定的解決策1：三つの問いを積極的に取り上げない　多くの国や職能団体が適用する解決策の一つは、何もしないということである。おそらく、国や職能団体がまだ実務者に対する法的訴訟の重大性に直面していない、あるいは、取り組んでみたけれどその困難さを痛感したという場合であろう。もちろん、これは問題の先送りにすぎない。

1　誰が線引きを行うのか？　ある出来事を徹底的に調べることを要求するメディアの報道や、他のきっかけによって影響された検察官が線引きを行うことになる。たとえば、一般的なリスクに関する法令や他の法律が、他人の命に危険を及ぼしたとして実務者を訴えるために用いられ得る。

もし、国や職能団体によって安全関連情報に対する司法の介入を妨げるための方略が取られていないのならば、刑事事件を仕立てるための情報の利用は比較的簡単である。検察官がまず第一に線引きを行う。そしてその後、裁判官（もしくは陪審員）が決定を下す。

2　許容できるラインを踏み越えていたのか否かの判断において、当該領域における専門知識の役割はおそらくごく小さなものである。たとえば、検察官は専門知識をほとんど持っていないが、それでもなお検察官は専門家の判断が有罪か無罪かを立証しようとする。裁判官がその領域の専門知識を持っている可能性もほとんどない。

3　安全関連情報は保護されそうにない。たとえ保護されていても、限定的解決策1に基づいて行動する国や職能団体は、検察官が犯罪の容疑について安全情報データベースを利用したいときには保護を解除できるという規定をおそらく持ち出すだろう（そして検察官はしばしばそのような場合にそうしたいと望むものである）。

結果：有罪となるルールが不明確なままであり、解釈に余地があるので、実務者は「次は自分の番かもしれない」という不確実性や不安を感じるだろう。実務者の誰が有罪になるのかはランダムに選ばれているように見える。公正な文化にはほど遠く、開示と正直な報告は困難となってしまう。

限定的解決策2：消去可能な安全情報データベース

法的あるいは領域間（たとえば運輸省や厚生省と法務省との間）の取り決めで三つの問いを積極的に検討していない国や職能団体は、自発的に次の限定的解決策を要求することがある。すなわち、消去可能な安全情報データベースである。これは組織が自身で集めた安全関連情報を、容易に、かつ手早く消去できるような形式で保存することを意味する。一部の組織の安全部門は、訴追に対して自分の身を守るためにこの解決策を真剣に検討してきた。特に、その組織の人員が（一部の病院勤務者や航空管制官のような）公共機関の従業員であり、それゆえに様々な法令や規則を通じて、国のものである安全関連情報をすべて提出させられてしまう国々においてはそうである。

1　誰が線引きを行うのか？　限定的解決策1と同じ。

2　当該領域の専門知識が果たす役割も限定的解決策1と同じ。

3　検察官の圧力が適用されるときにはデータが消失する可能性のあるものとして、安全関連情報の保護は保障され得る。もちろん、その代償は非常に大きい。組織の安全情報データベースが消失するのだから（それは逆に他の法令や規則に違反し得る）。

結果：データベースを消去する結果となるので、この解決策は実際には現実的な解決策ではない。しかし、この解決策は、第一段階としていくつかの国や職能団体で検討されているが、そこには公正な文化を構築するために不可欠な信頼が欠けていることを示している。様々な関係者間の関係に問題があるか、未成熟なためだろう。この解決策によって生まれるであろう疑いの風潮は、公正な文化の成長に対してよいものとはなり得ない。

限定的解決策3：公訴時効後に公的調査の結論を出す　ほぼすべての国で、検察官が犯罪を捜査し、起訴するための年月は限られている。ある国では、事故の調査はとても長くかかるので、起訴できる期間（この国では七年間）が過ぎると、いわゆる公訴時効を迎えてしまう。そして実務者はほっと一息つく。そのような一見して合法の遅延戦略にヒントを得て、他の国々では、関係者や職能団体は調査を行き詰まらせることを本気で考えている。そうすれば、司法当局は時効期間が過ぎるまで安全関連情報を利用することができないからである。もちろん、この解決策は公式な調査が継続している間は、司法当局が事故に関する捜査を開始することを法的に制限されている場合にのみうまくいく。一部の国や職能団体には、この解決策の実例が存在する。

1　誰が線引きを行うのか？　検察官と裁判官が最終的に線を引こうとするのだが、他の関係者は、彼らにデータも線引きの機会も与えないようにする。

2　当該領域の専門知識の役割はこの解決策において興味深い。より専門的な人々（安全調査官）が、調査する行為の有責性を判断するからである。もし、彼らが調査した行為を潜在的に有責である

（しかしそうみなすことは不公正で非効率となる）と判断するならば、時効が過ぎるまで調査を引き延ばすだろう。この意味で、調査官は行為が許容できるかできないかの判断に専門性を持ち込むが、前もってこの専門知識を利用して、司法当局が彼らの持っているデータにどのように反応するかを予測する。もちろん、調査官は法的知識の面では正しい事前の判断を行うための専門性を欠いている。しかし、その国や専門分野での前例や一般的な風潮は彼らの推量に十分な根拠を与える。安全関連情報の保護の程度はかなり強い。しかし、もちろんこれは司法当局が時効の過ぎる前に調査データを利用することを禁ずる法律や規則の拘束力の強さ次第である。司法当局が公的調査に関与することが法的に認められれば、この解決策は破綻する。

3

結果：関係者間の不信と争いの風潮が強く残る。問題を解決する妙案と受け取らずに、関係者は彼ら自身の目的のために安全関連情報を利用しようとして（もしくは利用の特権を得ようとして）法律ゲームを行うだろう。その風潮は公正な文化の構築にとってよい影響を及ぼさない。

限定的解決策４：ロビー活動、検察官とメディアの自主規制を当てにする　この解決策は、関係者の間の信頼関係に依存している点で、前述の三つの解決策とは異なる。この解決策は一部の少数の国々ですでに（しばしば、業界関係者による、議員や他の官僚への激しいロビー活動の後に）達成されている。この解決策は、安全関連情報をマスコミと司法当局の両方に公表させる強力な情報公開法を持つ国々で特に成功している。

この限定的解決策は信頼の発展・維持の程度に完全に依存しており、関係者に対する法的な保護に依存するものではない。すなわち、これらの国々では通常、報告者に対しても安全関連情報に対しても適切な保護がなく、そして司法当局は、原則として、調査内容を自由に閲覧できる。しかし実際には、検察官は構築された信頼を自分たちから壊そうとはしない。興味深いことに、この解決策は均質性、信頼性、凝集性が高く、そして社会的な責任を重んじる文化的な傾向のある、小さな国々でうまく機能しているようである。

1 誰が線引きを行うのか？ 原則として、検察官が線を引くことになっている。しかし、彼らは今のところあえて線引きを行おうとはしていない。彼らが線引きをすることに対する禁止処置は法的なものではなく、文化的、政治的なものである。すなわち、関係者たちの間で発展したデリケートな信頼の中に割って入り、乱すことは「よくない」ことであり、政治的に賢明ではないとみなされる。しかし、彼らが線引きをしてはならないわけではない。実際、この解決策を用いている国々におけるルールは、検察官が訴追すべき「犯罪」や「重大な過失」の類を例外としている。もちろん、その問題は卵が先かニワトリが先かというものである。線引きをせずに、どのようにして検察官は線を踏み越えたかどうかがわかるのであろうか？

2 当該領域の専門知識の役割は関係者間で必要となる信頼の構築において重要である。特に社会全体がより安全な専門システムから利益を得るためには、自主規制に任せることに価値があると他の関係者（メディアや司法当局）に納得させることが重要である。

3　安全関連情報の保護に法的な保障はなく、文化的な取り決めや政治的な圧力によって守られる。

結果：一見したところ、この解決策はまやかしのものであり、非常に壊れやすい印象を与える。つまり、「文書として」何もなく、関係者それぞれが行うことに干渉しないという取り決めは、暗黙の合意と信頼に委ねられている。実務者は報告の自由を感じ得る。なぜなら、歴史的に見ても脅威がないからである（しかし、過去はこの場合の未来に対する保障となり得るのだろうか?）。だがもっと深く調べてみると、この解決策は、その国の文化と同じように確固たるものである。そして、文化とはとても強く、変化しにくいものである。同時に、これはそのような取り決めへの参加に対する高いハードルを作り出す。つまり、適切な文化的な必要前提条件のない国では、この解決策は達成することが困難だということである。

限定的解決策5：事前審理　実務者の起訴は安全にとって逆効果になるということが広く認識されるようになったため、一部の国ではいわゆる事前審理を導入することを進めている。この審理は、検察官が実際に事件として捜査を始める前の、仲立ちとしての役割を担う。事前審理は、検察官によって告発された事件が（裁判にかけるために）捜査されるべきかどうかを決定する。言い換えれば、さらなる捜査を進めるか否か、起訴が可能か否かの判断をする際に、検察官の下準備と野心をチェックすることや、審査官自身が少し調査をしてみること、また他の関係者の利害を評価・検討することができる。

1　誰が線引きを行うのか？　初めに（そして最も重要なことに）、実務者の行為が許容可能か否かの（もしくはさらなる調査の価値があるか、起訴が可能か否かなどの）線引きを行うのは事前審理である。他の考慮すべき点も線引きの材料として加えられる（たとえば、他の関係者の利害など）。

2　当該領域の専門知識の役割は、この解決策において重要であると思われる。ある国では、事前審理で立件するか否かの判断をする際に、航空業界のチームが支援する。もちろんこのチームの構成と事前審理との相互関係は非常に重要である。たとえば、もし、労働組合や職能団体の代表が入っていないならば、業界の代表者（すなわち経営者たち）は、起訴するよう勧告するほうが、自分たちの利益を守るために役立つと判断するかもしれない。

3　安全関連情報の保護は事前審理を通じて管理される。もし検察官が安全関連情報の利用を求めるならば、事前審理を通さなければならない。しかし、重大なインシデントやアクシデントに対しては（他の解決策と同様）この手続きは免除される。

結果：事前審理は適切な門番としての機能を果たし得る。事件が検察官によって捜査される前に、様々な利害関係を評価・検討するからである。だが、その審理にはすべての利害関係者の声を十分に代表していることと、特定の関係者もしくは利益団体によるロビー活動から影響を受けないことが重要である。事前審理はヒューマンエラーの犯罪化に対する比較的新しい解決策なので、それがうまく機能するか否かを検証するための実例はまだ多くはない。

限定的解決策6：検察官を規制当局の一部にする

検察官に専門知識を持ってもらうための解決策の一つは、検察官自身がその専門領域でキャリアを持つ、あるいはその領域に所属することである。[*] そして、そのような特定の領域に対する検察官の事務所を規制当局の内部に置くことである。

1　誰が線引きを行うのか？　検察官が線引きを行う（後に、裁判官や陪審員によって承認されたり却下されたりする）。検察官はその専門領域出身であり、その領域における主要な利害関係者に雇用されている。

2　専門知識は大きな役割を果たす。なぜなら、検察官がその専門領域出身であり、その領域で安全性に深くかかわっている関係機関によって雇われているからである。そのため、検察官は線引きをするかどうかの決定への様々な利害関係のバランスをうまく取り、そして専門知識のない人が見過ごしたり誤って判断してしまったりする、専門家のパフォーマンスの微妙な特徴をよりよく考慮できそうである。

3　安全関連情報の保護は、この枠組みの結果として達成される。規制当局は安全関連情報の自由な流れを保護することに関心を持つ（単なる監視用のデータとしてではなく、特に規制当局が監視する業界の自主規制に利用するために）。

結果：検察官と規制官の統合は不公平・不適切な起訴を阻むことができる。これは、二つの専門性の密接な統合という理由だけでなく、（その特定の領域に対する法の作成や適用を行う機関のために検察官が働くので）法や規制とのより強い関連性によるものである。もちろん、この解決策のリスクは、規制当局自身がインシデント発生に（たとえば、不十分な監督や特例の付与の形で）関与している可能性や、インシデントに対するかかわりを小さく見せるため、個人の実務者を起訴することが利益になってしまうかもしれないということである。このようなリスクを避けるには、この限定的解決策においては、規制当局の自制と上級審への上告くらいしか、現時点では方法がない。

限定的解決策7：職能団体内部の規律　専門職集団の多く（会計士から医師、猟師、プロスポーツ選手に至るまでの、すべての専門職にわたって）は、何より団結を守るために作られた規律上の細かいルール体系を持つ。通常、司法当局は、法的権限の大部分をこれらのルールをしっかり管理できる職能団体内

＊　第10章（一八九頁訳注）にも書いたとおり、国によっては刑事訴追の権限を持つ検察官（検事）が検察庁以外の官庁や民間にいる。

の委員会に委任する。委員会が決める懲罰処分は警告状（効果は疑わしい）から職務を行うための資格・免許の取り消しにまで及ぶ。司法当局は通常、専門職の規律上のルールに従って下される処罰についてはは干渉をしない。しかしながら、その処罰には大きなばらつきがあり、ゆえに処罰を内部の懲罰委員会に委ねることに国がどのくらい信頼を置くかという程度にもばらつきが出る。

1　誰が線引きを行うのか？　専門家の同僚が許容・非許容の間の線引きを行う。もちろん、システム（たとえば、航空管制システム）への社会の（そして司法当局の！）信頼をつなぎとめ、そのシステム自身を管理・調整する能力への信頼を保障するために、検討中の実際の事案を超えたプレッシャーがあるだろう。これにより時として、「私たちは問題に真剣に取り組んでいる」というメッセージを外部に――専門家個人に対して厳しい処罰を与えることで――はっきりと示すために、より厳しく線を引く必要が生じ得る。刑事罰を与えるべき行為か否かの線引きを誰が行うかということは、よりいっそう大きな問題となる。（専門職の）内部のルールはこれらを処理できるようにはなっていないからである。そのため、外部の法的措置が必要かどうか判断する必要性がどこかで生じる。これは検察官のイニシアチブ（しかし、そのためには行動を起こすに足る十分なデータが必要となる）、もしくは懲罰委員会（しかし、彼らにはそのような判断をするための法的な専門性が欠ける傾向がある）で行うことになるだろう。

2　当該領域の専門知識の役割は全般にわたる。領域外の人が作った法律や規則ではなく、当該領域の専門知識が行為の正否に関する判断の基礎となる。また、（事故は常に「重過失」などの事件になる可能性があるので）事件・事故を正式な裁判に進めるかどうかも専門知識に基づいて判断される。しかし、ここでも有責か否かの線引きは、少なくとも大部分は専門知識に基づいてなされる。

3

安全関連情報の保護は専門職の規律上のルールからは独立していることが多いので、公的な保護のための追加の法律を必要とするだろう。しかしながら、職能団体の内部に機能的で信頼できるルール体系をもつことで、その団体に属する専門家はインシデントや事件の報告をより自由にできるように感じるだろう。

結果：専門的知識を総合して罰則の適用を判断することにより、専門職の規律に基づく解決策は魅力的なものになる。専門家は何が容認できるかできないかの判断だけでなく、その判断を行う上でのよりどころとなる、成文化された、もしくは不文律の「ルール」を自ら作り出すだろう。

しかし、専門職の規律上のルールの公正さには矛盾が存在する可能性がある。なぜなら、規律上のルールは職能団体全体の統一性の維持のために存在し、個々の実務者はその目的のために（特に、システムへの外部からの干渉や過度の詮索を排除するために）犠牲にされるかもしれないからである。他の関係者からの見た目の信頼を保つために、すなわち、彼らが規律正しく信頼に足るものであると外部に示すために、時として内部の「不正」を暴く必要があるかもしれない。そうなれば、実務者が資格を失うおそれと不安を感じるので、公正な文化の基礎を固めることにはならないだろう。

私はインシデントと安全の問題を内部的に解決する興味深い別の策があることをたまたま知った。ある航空管制センターが、その空域をよく飛行する数社の航空会社と協定を結んで、ニアミスやその他の問題を直接センターに報告してもらうことにしたのである。これはとても短い学習のループである。すなわち、ある問題が見つかったら航空管制センターに直接報告して、そこが対策を講じるのである。このやり方は、専門家のパフォーマンスについて部外者が判断したり、（法的、または規制上の）賞罰を割り当てることを防いだ。しかし、他の関係者（たとえば規制当局）は説明責任が手抜きされていると感じた。従来の慣行では、報告は必ず彼らを経由したからである。また、得られた教訓はより広い業界に役立て得るのに、この限定的な内輪の解決策では活用されることがなかった。

第12章 「個人かシステムか」から「システムの中の個人」へ

以前の著書で、私はヒューマンエラーの古い視点と新しい視点の間の選択について論じた[1]。

- **古い視点**はヒューマンエラーをインシデントの原因と考える。したがって、インシデントに関して何かをするためには、私たちは関与した特定の個人に対して何かをする必要がある。すなわち、彼らを停職にしたり、再教育したり、警告したり、告訴したりである。また、私たちは、人間一般に対して何かをする必要がある。すなわち、自動化を進めることによって人間を重要な役割から外すことや、ルールや手続きを増やすことによって仕事を厳密化することである。
- **新しい**、**システム的な視点**は、ヒューマンエラーを原因ではなく、症状と考える。ヒューマンエラーは、システム内部の深いところにある問題の結果である。したがって、ヒューマンエラーの問題について何かをするために、私たちは人々が働くシステムを調べる必要がある。すなわち、設備のデザイン、手続きの有効性、目的間の競合や生産への圧力の存在を。

古い視点と新しい視点をこのように対比することは、複合的な領域における安全やリスクに関する数十年の研究に基づいている。二つの選択肢は、災難の原因や、取るべき対策を検討する際に、有効な基準になる。

しかし、それは重要な疑問を無視している。すなわち、物事が失敗したとき、システムだけの責任にすることができるのか、という疑問である。

多くの人にとって、このような新しい視点の論理的な拡張は言い逃れのように思える。すなわち、問題のある、あるいは責任のある実務者の罪を免れさせることのように思える。また、新しい視点では彼らに説明責任を問えないようにも思われる。

実際、システムだけでは不十分であるという主張もある。(2) もちろん私たちはシステムを検査し、それをできる限り改良しなければならない。しかし、安全と危険が紙一重の業務は、最終的には、(医療現場において見られるように) 人間関係を通じてか、人間がハイリスクな工学機械を直接操作することを通じて遂行される。

この最重要場面において、ほとんど常に、システムの改良では完全にはなくすことができない自由裁量の余地がある。個人かシステムかではなく、むしろ、私たちはシステムの中の個人の関係や役割を理解する必要がある。(3)

個人の説明責任に対する自由裁量の余地

システムは、人間による様々な行為の機会を生み出す。そして、様々な方法で人間を束縛する。これらの機会と束縛以外に、自由裁量の余地、すなわち医療や技術システムの実務者によってのみ埋められる余地が残されていることを指摘できる。これは、システムが人々に選択の自由を残すまさに最後の余地である（出発させるか否か、手術を開始するか否か、発射するか否か、進入し続けるか否か）。この余地は、曖昧さや不確かさや、道徳的な選択によって満たされている。

システムはその余地の中で個人に課された責任を肩代わりすることはできない。システムの中で働く個人も、責任をシステムによって完全に奪われることを望まないだろう。個人に残された自由（そして付随する責任）は、彼らやその仕事を人間的にし、意味あるものにし、自尊心の源となる。しかし、システムについては以下の二つのことに留意しなければならない。

・一つは、自由裁量がどこで始まりどこで終わるかについて、明確にすることである。（多くの医療システムのように）実務者に行動の流れを決めるのに十分な権限を与えずに、一方で結果に説明責任を持つことを要求することは、実行不可能で不公平なダブルバインド（板挟み状態）を生み出す。そのようなダブルバインドは、行動の前には事実上自由裁量権を減らすが、行動についてなんらかの悪い結果が表れた後は、自由裁量権を広げる（後になって突然、「結局は医師の責任だ」と言われる)。資格のない乗員に対して計器進入を続ける免許条件適用免除を求めるとき、同じことが生じる。明らかに、航空システムでは、機長がそのような免許条件適用免除を求めることは日常的に行われている。すべてがうまくいった場合は何の問題も生じない。しかし、もしその着陸に問題が生じたら、資格のない乗員にさせたことは、突然、機長の完全な責任になる。自由裁量の余地の境界線に関するそのような曖昧さは、よくあることだが、不公平かつ不合理である。

・もう一つは、自由裁量権の内側にある責任を注意深く遂行するよう、人々をどのように動機づけるかである。動機づけの源は、恐怖なのか権限拡大なのか? 不安なのか関与なのか? 「自身の仕事を正しく行わないことが刑事訴追につながるかもしれない、というおそれは少しはあるべきだ」と、影響力のあるコメンテーターが二〇〇二年に言った。実際に、刑事訴追は、個人の責任を注意深く果たさないと告発されるというおそれが、注意深い作業遂行を促すと仮定している。しかし、民事訴訟も刑事訴訟もヒューマンエラーの抑止力としては機能しない。(4) 代わりに、そのような説明責任によって生じた不安は、たとえば防衛的医療や質の低い治療、果てはインシデントの発生率の上昇にさえつながる。(5) 説明責任によって生じた不安やストレスは、注意の負荷を高めたり、安全が求められる中心的な課題に集中することから注意をそらさせたりする。(6)

人々をおそれさせるというよりも、システムの変革や改良に参加させるべきである。人々に自らの作業条件を変える権限を与えたり、自由裁量の余地の大きさや内容の変更に関与する権限を与えたり

することが、その内側にある責任を進んで引き受けることを最も効果的に促進するという証拠がある。(7)

ハーヴィ・モレムは、麻酔医が外科手術中、薬の入った小瓶を取り違えた事例を報告している。(8) 引き出しに並んで置かれた二つの小瓶にはどちらも黄色いラベルと黄色い蓋がついていた。しかし、一方は筋弛緩剤であり、*もう一方は筋弛緩剤拮抗薬**であった。手術の始めに、麻酔医は筋弛緩剤を意図した通り投与した。しかし、終わり頃に彼は間違った小瓶をつかみ、拮抗薬ではなく筋弛緩剤を追加投与してしまった。この事例では悪い結果には至らなかった。しかし、この出来事を彼が同僚たちと議論したとき、同様のことを同僚たちも経験していて、彼ら全員が（麻酔薬の）混同に対する大きな潜在的危険性をはっきり認識していたことがわかった。皆がその危険について知っていたのに、誰も声を上げなかったのである。

問題はもちろん、なぜ麻酔医たちが誰も危険性を指摘しなかったかである。起こり得る失敗について話すとどうなるかについての不安が拭えず、安全関連情報は個人の中に閉じ込められたのである。

さらに問題なのは、実務者が、自分の職場環境の改善に貢献できると感じられる風土がない可能性である。言い換えると、安全と危険が紙一重の業務の最前線で働いている人々が、改善のため

* 麻酔薬とともに使用し、手術中に筋肉を動かなくする薬。
** 手術後に筋弛緩剤の効果を打ち消すために使用する薬。

に自分の考えを伝える経路があると思っていなかったのである。私は、勤め先の病院の管理のオープンな方針に大変満足していると話してくれたある従業員を覚えているが、その開いたドアの向こうに、上司がいたことはなかった。

この例は再びヒューマンエラーの古い視点と新しい視点の間の選択を提起する。麻酔医が間違った薬瓶をつかむのを、間違えた時の結果をおそれさせることによって防ぐことができると、本当に思えるだろうか？　それよりも、そのリスク（システムの脆弱性）に関する情報を提出するように促すことによって、そして、その問題について何か彼らの手助けをすることによって、エラーを予防することのほうを望むのではないだろうか？

この例は、人に説明責任を課すことと、人をとがめることとは、全く別のことであるという裏づけにもなる。人をとがめることは、説明責任をかえって曖昧にする。すなわち、とがめられた人はあまり説明しなくなるだろうし、自分たちの声を聞かせてほしいとか、改良の努力に参加してほしいとは思われていないのだと感じるだろう。この意味するところは、失敗をとがめないシステムや責任を問わないシステムは、説明責任を問わないシステムではないことでもある。反対に、説明責任を課すシステムは、すべての人々が、問題に対してなんらかの行動を起こし、責任を引き受けることができるように、人々が自分で説明する能力を開発する方向に進む。

とがめないことは説明責任を課さないことではない

失敗をとがめないシステムと個人的な説明責任がないことを同一視する人もいるが[9]、それは間違っている。とがめないことは、とがめないことを意味するだけで、説明責任を問わないこととは違う。問題は、実務者に個人的な説明責任を回避させたいかどうかではない。回避する実務者はほとんどいない。問題は、実務者をとがめること、告訴すること、また裁判にかけることによって、実務者から説明責任を有効に引き出すことができるなどという馬鹿げた考えにしがみつくかどうかである。今のところ、そのようなことができることを示している証拠は、一かけらもないように思える。

私たちは、人々をとがめることによってではなく、働きやすいシステムの創造に積極的に関与させることによって、そのような説明責任を創造することができると確信するべきである。多くの実務者は、そのような説明責任を好むだろう。彼らは、職場や作業条件を改善することに影響を与える機会がないことを嘆いているからである。

前向きの説明責任

「某氏が責任を取って、辞職した。」

しばしばこのような表現に接する。私たちは、辞職することと責任を取ることが同じであると考えているかもしれない。確かにそういうこともあるだろう。しかし、そうでなければならないというわけではない。実際、誰かが辞職して混乱状態を置き去りにするのを許すことは、その人に説明の義務を果たさせたことにはならない。

説明責任は、しばしば後ろ向きでしかない。これは、裁判や訴訟、解雇通知、降格、停職における責任の類である。そのような責任は、腐ったリンゴ、すなわち失敗をとがめるべき誰かを見つけようとすることである。それは、報道関係者（または政治家、もしかすると会社の役員会）、すなわち、「その問題のために何かをしている」というサインを熱心に待っている人々に提供する類のものである。そのような後ろ向きの責任は、個人にとっても組織にとっても何の役にも立たない。

代わりに、未来志向の説明責任を考えよう。説明責任に対する要求に応えることと、人々や組織が学習し前進することの両方を可能にする失敗の報告とは、本質的に将来に向けたものである。こういった報告において、説明責任は、それについて何かをなし得る人々や集団に必要な改善についての情報をもたらす何かである。そこでは、説明責任は、人々や組織がリソースを法的防御や賠償金額を小さくすることに費やすのではなく、安全性を向上させる改良に投資することを可能にする何かである。このことは、ヴァージニア・シャープが*「前向きな説明責任」と呼んだものに他ならない。説明責任は、同じような危害が再び生じる確率を下げるために変化を起こす機会（そして責任！）を広げるべきである。

二〇〇五年三月にテキサス州の製油所で起きた爆発は、オクタン価上昇装置を再始動したときにオーバーフローしたことから始まった。ガソリン蒸気は不十分な排気システムの中に漏れ出し、発火して、五マイル離れていても感じられる爆風となった。この爆発で一五人が死亡した。事故の社内調査報告は、爆発を防止できなかった四人の副社長を解雇すべきであると結論し、会社の統括精製責任者も重大な兆候に注意を払っていなかったと指摘した。「会社の経営陣は、安全な製油作業のために適切な優先順位が定められていること、十分なリソースが提供されていること、そして明確な説明責任が設けられていることを保証する責任がある」と、調査委員会の委員長は述べている。

会社の予算削減が製油所の労働者の安全を損なっていることが、以前の調査ですでに判明しており、会社は現場労働者の安全を脅かしたとして記録的な罰金を払わなくてはならなくなっていた。「危険を無視したり、法令違反を容認したり、能力がなくても許されたりする」組織文化が事故の根本的原因として判断された。統括精製責任者は、「基本的に精製は不安全で、操業を続けることには大きなリスクがあるという厳しい現実」を直視し、そのことを伝えるべきであった(10)。

説明責任を求めることは重要である。そして、それらに十分に応えることも重要である。もちろん、責任ある人々を追い払うのは一つの対応である。しかし、第1章で、説明責任を求めることは本質的に信頼に関することであると述べたことを思い出してほしい。専門家は問題を職場内や組織内で真剣

＊ Virginia A. Sharpe. *Accountability: Patient Safety and Policy Reform; The Ethics of Hospital Trustees*（ともにGeorgetown University Press, 2004））などの編著者。

に話し、対策を取るだろうと、規制当局や社会の人々が信じることに関連しているのだと。

このことは、何人かの責任者（たとえ彼らがより大きな責任を持つ地位にいるとしても）をやっかい払いすることが適切な対応とは言えないかもしれないということを意味する。また、そのような対応は、組織が失敗から学んだことを取り入れ、その脆弱性を将来どのように扱うべきかを検討する上でも、決して有益ではない。

第13章　公正な文化を構築するためのアプローチ

あなたはここからどこへ向かうのか？　公正な文化の構築は足もとから、すなわちあなた自身の組織から始まる。私がここで提案するアプローチは段階的なものである（図13-1参照）。それによって、組織の目標を、専門職の可能性と限界に適合させ、国の文化、法律、規範にすり合わせることができる。このアプローチの各段階は公正な文化の創出に少しずつ貢献する。後のほうの段階に行くほどおそらく難しくなるのは、より多くの異なる専門的背景と信条を持つ部門、より大きな関係者集団、及び彼らの立場と利益を巻き込むからである。しかし、各段階は、異なる関係者集団の方針を妥協させる道に少しずつ踏み込んでいく。そして、彼らの間の信頼関係を築くのに少しずつ貢献するだろう。

アプローチの各段階

第1段階：まずは足もとから、あなた自身の組織から

専門職や国の中に公正な文化が芽生える下地を作るには、あなたの足元、すなわちあなたが所属する組織から始めることが何よりも重要である。これによって、実務者と管理者・経営者という二つの重要なグループ間の信頼関係作りが始められる。

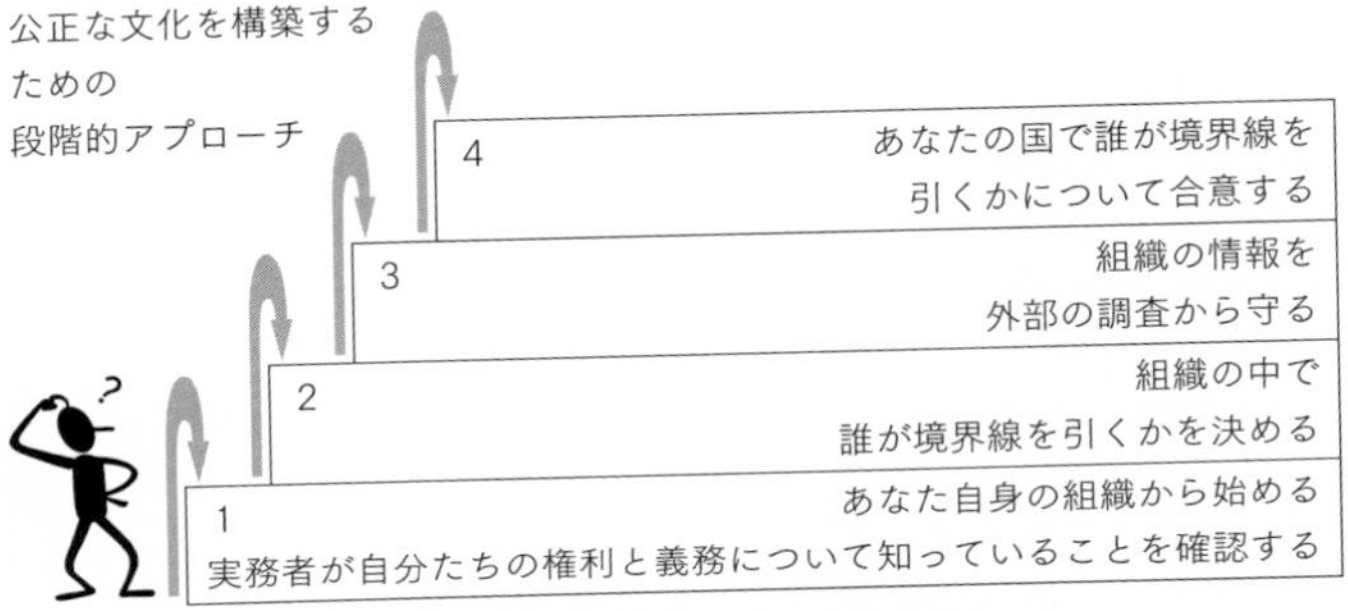
公正な文化を構築する
ための
段階的アプローチ
4
あなたの国で誰が境界線を
引くかについて合意する
3
組織の情報を
外部の調査から守る
2
組織の中で
誰が境界線を引くかを決める
1
あなた自身の組織から始める
実務者が自分たちの権利と義務について知っていることを確認する

図 13-1　公正な文化を構築するための段階的アプローチ
段階が上がるごとに難しくなるが，一つひとつの段階が公正な文化に向かう着実な進歩になる

どの業界でも実務者の多くが経営陣を信頼しているとは限らない。そこにはいろいろな理由がある。管理・経営者は専門職の実務者とは異なる専門的背景を持っていることが多い。たとえ元専門職であっても、彼らは「部外者」（もっとひどい場合は「裏切り者」）とみなされる。経営や社会の問題（たとえば労働時間の規制、休暇）に対する態度のために経営陣への信頼が失われると、それは安全問題にも波及する。したがって、もし、経営陣があるインシデントに関連してネガティブな行動を過去に取っていないとしても、別の問題に関する行動（あるいはそれについての見方）が、経営陣の安全問題の取り扱いについての実務者からの信頼に影響する可能性がある。

あなたが今すぐにやれることはたくさんある（もしまだやっていないならば）。

・経営者も実務者も、インシデントを失敗や危機とみなしてはならない。インシデントは無料レッスンである。

注意を喚起して集団として学ぶ最高の機会である。

・インシデントを起こした結果として金銭的・職業的な罰を科してはならない。インシデントの後で実務家を休職にすることは何としても避けるべきである。このような方策は、インシデントを恥ずべきもの、隠すべきものとしてしまう以外、何の役にも立たない。もし組織がこの種の規則を施行しているなら、多数の貴重な安全関連情報を失うことになるだろう。

・インシデントに関与した実務者に汚名を着せることのないよう注意する。彼らを能なしや、同僚として働く上での足手まといとみなしてはならない。そのようなことは、インシデントを起こした者だけでなく他の実務者の気持ちまで腐らせ、さらには組織全体に広がる。そして、インシデントは再び隠すべきものとみなされるようになる。

・インシデント後の実務者を援助するために、既存の面接プログラムや、重大インシデント／ストレス・マネジメントプログラムがある場合は、それを活用し、あるいはそれが有効に利用されているか見直す（まだない場合は、ただちに作る必要がある）。そのような面接・支援は実務者がインシデントを誰にでも起こり得る「普通」のこととみなし、組織をよりよくするのを助ける上で必須の要素となる。

・インシデントを取り扱う専任の安全スタッフの部局を設置する。ライン組織の一部ではいけない。インシデント発生後に実務者と接する最初の人間が直属の上司である必要はない（おそらく、その後、インシデントを起こした人をストレスや事故の余波から一時的に解放することができる）。その狙いはインシデントを実務者の勤務評定のようなものから切り離すことである。インシデントを起こした実務者を再訓練することは、罰とみなされるだろうから（そして再訓練の効果は疑問視されているので）、再訓練は細心の注意をもって、最後の手段としてのみ実施すべきである。

・公正な文化の構築を一番初期の段階から始める。すなわち、専門家養成のための教育訓練の初歩から開始し、訓練生にインシデントを報告することが学習する文化にとって重要であることに気づかせるのである。そして、インシデントは個人的なことでも恥ずべきことでもなく、組織全体の体系的情報にとって大切な部分であるとみなすように教えるべきである。安全な組織と不安全な組織の違いは、そこで起きているインシデントの数ではなく、従業員から報告されるインシデントがどのように扱われているかの違いであることを新人実務者に確信させなければならない。

・実務者にインシデントに関連する自分たちの権利と義務を周知徹底する。インシデント発生時に何が起こり得るか（そして実際何が起こるか）を明確に示す必要がある。ある労働組合はインシデント発生時の実務者の権利と義務（たとえば誰に話すべきか（たとえば調査官）、誰に話すべきでないか（たとえばメディア））を印刷した名刺大のカードを用意していた。発生事象が法的にどう扱われるか、不安や不確かさがある場合でも、そのような情報は実務者になんらかのよりどころと、今後起こるかもしれないことについての多少の手がかりを与えるだろう。少なくとも、無用なおそれや心配から、貴重なインシデント情報を隠してしまうことを防止できるだろう。

まずは自分の足元、すなわちあなた自身の組織から始めることで、公正な文化の基礎固めをすることができる。最初に自分で基礎固めをすることなしに、他の誰か（司法当局や議会）があなたのためにそれをしてくれることを期待してはならない。

第2段階：あなたの組織の中で誰が境界線を引くかを決める

組織にとって重要な決定の一つは、インシデントの直接的事後処理を誰が引き受けるかという問題（ライン組織＝管理者・経営者なのか、スタッフ組織＝安全対策部なのか）だけではない。この事後処理をどのように取り扱うかについて、とりわけ、実務者個人に対する人事上の処分をどうするかについて、同僚実務者の専門知識をいかに結集するかという問題である。

たとえば、実務者に再訓練を課すかどうかは、当該実務者についてだけ議論すべき問題ではなく（ましてや上からの命令で処分が下されるのではなく）、インシデント後に取られるそのような方策が持つ意味について広い視野で考えることのできる同僚実務者グループによって検討されなければならない。たとえば、再訓練によって当該実務者の評判がどうなるかだけでなく、結果として、他の実務者が、インシデントをどう見て、どう扱うようになるかまで考察する必要があるからである。

インシデントの事後処理に、当該実務者自身を参加させ、決定権を与えることが、モラール（仕事意欲）を維持し、教訓を最大化し、公正な文化の基礎を強固にする最善の方法である。

外部調査からあなたの組織の情報を守ることを成り行きに任せてはならない。たとえば、「これまで検察は関心を示さなかったのだから、今回も大丈夫だろう」などと考えてはいけない。文化的伝統や政治的圧力に対しても成り行き任せはダメである。

利害関係者の間の信頼を築くことはもちろん非常に重要である。それができれば、司法当局は、事例が真に有責である可能性が高いと組織が判断した時には当局に報告すると信じて、組織が内部情報を処理することを許容するだろう。このことは、第2段階の「許容できる行為かそうでないかを組織内の誰が判定するか」に関連している。その任に当たる人やグループは、仕事の内容をよく理解しており、内部情報を総合的かつ公平に扱うだろうと、司法当局が信頼する相手であるべきだろう。

しかし、そうであっても、実務者がおそれることなく自由に報告する保障にはならない。組織の重要な情報の保護を法律に明記する努力をするのがベストである。

一方、第3章で述べた通り、このステップの措置に伴う副作用をよくよく考えなければならない。一つの問題は、この措置によって、情報にアクセスしたいという正当な希望を持っている人々からも、情報を秘匿してしまうことである。たとえば、患者や航空、鉄道事故の被害者、家族である。彼らは何が実際に起きたのかを知りたいと望んでいる。報告内容の保護は彼らへの情報開示をいっそう難しくする可能性がある。

実務者のパフォーマンスが許容できるものだったかそうでなかったかを領域違いの専門家に判定してもらうのは、リスクが大きく、困難でもある。そこで、領域内の専門家の意見を集約する国の機関を設けて判定を行うことが、国内的にはよい解決策である。裁判で専門家の証言を利用するのは有効ではない。証人の役割は制約が強く、証言内容は限定的である。

第4段階：あなたの国の中で誰が判定を下すかを決める

検察当局が捜査と訴追を続ける価値があるか否かについて、よりよい判断を下すことを助けるために、どういう方法で専門家の意見集約を行うかの議論を開始することは有益である。このためには、前述の相互不信を払拭する必要があるだろうし、最初は難しいと感じるかもしれない。しかし、最終的には、すべての関係者にとってこれは非常に利益となることであり、お互いの視点と関心を理解することにもつながるだろう。

（司法が法的監督権限を委ねた）国際的な職能団体の規律に従って各国が許容できるか否かの判定を下せば当該領域の専門知識を最大限に集約することになる。しかし、このような解決策は現在のところあまり一般的でない。別な方法で領域内の専門知識を活用する国内的解決策（たとえば、一つの組織の中に調査官と規制官を集める、専門家チームによって支援された事前審理*を行うなど）も有効である。しかし、そのような解決策よりも、作業の文脈の中で実務者のパフォーマンスを判定する能力のある「同僚審査委員会」を創設するほうがよい。同じ領域の専門家の意見により多くの権限移譲を行うためには、

* 事前審理については第11章参照。

（仲間同士でかばい合いを行うとみなされがちな）同僚にひいきをせず、事例が適正に取り扱われることを司法当局に確信させなければならない。

行為が悪いのではない、関係が悪いのだ

失敗に対する不公正な反応は、悪い行為が原因であることはめったにない。関係の悪さの結果である。[1][2]これは、公正な文化を語るべきほとんどすべての状況に見られることである。たとえば、医師が訴えられるか否かを予測する最強の因子は、患者が医師から尊重され、誠実に、本人のためを思って処遇されたと感じている程度である。傷害の質と重さは大した問題ではない。医療行為の中で患者を傷つけることは、医療者と患者の信頼関係が崩壊するきっかけである。患者は裏切られたと感じ、怒るのが普通である。この関係を修復すること、あるいは少なくとも上手に乗り切ることが、成功の秘訣となる。

患者と医師の関係を（もし修復できないならせめて）取り持つことが、調停（メディエーション、医療における「代替紛争解決策：ＡＤＲ」）の主要目的である。調停者は二者の対話を修復する手助けをする。調停の席で話されたことは法的に秘密扱いにされる。つまり、責任を認めたと受け取られかねない、自責の念の表明、反省の弁、善後策の説明などを安全な場所に保護することになる。民事訴訟や刑事訴追と違って、調停では、起きてしまったことへの謝罪、後悔、同情をはるかに

自然な形で表現できる。調停は裁判よりはるかに柔軟であり、別の形の解決策に至る可能性を持つ。償いは金銭でなされる必要はない（実際、ＡＤＲにおいては賠償に至ることは少ない）。調停は、被害者に対する（医学上またはそれ以外の）ケアを今後いつでも必要に応じて引き受けるという同意に加え、作業手順の変更、教育の充実、その他、事故の再発防止を望む患者の期待に応えるための変革を促すことができる。(3)

関係性の重要さを示すもう一つの例を示そう。失敗に対する経営陣の反応が公正だと従業員が感じるか否かは、その反応自体（またはそれを引き起こした不良な行為）にはあまり依存せず、むしろ、経営陣と従業員の間の既存の関係に大きく左右されることがわかる。

消防士が緊急時の対応に失敗した事例からどのように学ぶかを調べるために、私たちは大がかりなフィールド調査を行った。自分たちのエラーは改善に役立ったと消防士らが感じた場合、その理由の大半は、監督及び管理者との既存の関係によるものであった。ある消防署では、消防士と管理者は極めて協調的な関係にあり、エラーを報告したり改善を提案したりすることは当たり前で、望ましいことで、誰からも罰せられないという雰囲気だった。逆に、多くの都市部の消防署では、労使関係は不信に満ち、作業に関する決定にボトムアップの参加が少なく、消防士が講習会に参加することも少なく、エラーを報告しても適正に対処されないという疑念が強かった。

最後にもう一つ例をあげよう。司法当局（あるいは一人の特定の検察官）と専門家の関係がインシデント後の法的手続きの決定因子になり得るという例である。あるとき、意図的な捜査妨害によって、法的に閲覧可能な情報が隠されているのではないかと一人の検察官が疑った（「沈黙の掟」のことを思い出してほしい）。これは捜査初期の段階で多くの捜査官が感じることである。そのような疑念や感覚は信頼が失われた証拠であり、単純に会って話をすることで、一歩前進することができる。本書で紹介した数件の事例では、専門職の代表者がまさにそのことを提案したと述べた。対話は、もちろん、関係修復の可能性についてなされる。

不良な関係が失敗に対する不公正な反応の背景にあるのなら、良好な関係こそが公正な文化に向かう大きな一歩である。良好な関係とは、情報開示と誠実さに関することだけでなく、お互いに対する責任感と役割分担に関しても必要である。良好な関係は、コミュニケーションに関すること、期待と義務について明確にすること、お互いから学ぶことを含む。

これでいくらか救われた気持ちになるかもしれない。「公正」も「文化」も二つの巨大な概念である。いずれも基本的に論議の多い範疇に属する。それぞれが何を意味するかについては、永久に論争の的であり続けるだろう。これらは基本的に御しがたく、扱いにくいものである。一方、「関係」なら築ける。少なくとも半分はあなたの手の内にある。だから、あなたが公正な文化について何かをなそうと欲するならば、おそらくその気持ちが出発点になるだろう。

エピローグ

もし専門家があることを「不公正」とみなすとすれば、それは次のようなことである。業務上の一瞬の判断が、その判断がなされた場にいたわけでも、かつ日常の仕事の中でそのような判断をしているわけでもない人々によって調査される対象となり、ばらばらに分割されて吟味され、何カ月もかけてあれこれ詮索されることである。

英国の特殊警察部隊のクリストファー・シャーウッドは、一人の男性を死に至らしめた麻薬捜査の後、[1] そうした不公正を感じただろう。一九九八年一月一五日の夜、イースト・サセックスのルイス警察署の作戦本部に、シャーウッドと二一人の警察官が招集された。彼らは、防護服、特殊ヘルメット、無線装置が内蔵された袖無しベストを身に着けていた。今夜、彼らは誰かを殺傷しなければならないかもしれないのだ。作戦伝達が始まった。その特殊作戦には、銃を撃てる警察官が必要だった。警察がつかんだ情報によると、麻薬の売人と疑われる者が、ヘースティングの近く、レオナルド通りのアパートに仲間と一緒に潜伏しているということだった。売人たちは、英国の南岸部で大規模な麻薬取引をしようと、1kgのコカインを持っていると推定されていた。

売人の中には、以前に殺人罪の判決を受けたジェームズ・アシュレーと、人を刺傷したことがあるトーマス・マクルーデンがいた。二人とも、暴力的で危険な人物であり、武装していると推定された。今回の作戦の目的は、二人の危険人物を捕らえ、麻薬を押収することであった。しかし、警察に寄せられる情報にはよくあることだが、それは不確かなものだった。団地の中のどのアパートで取引が行われるかは不明で、建物内での作戦も準備されていなかった。警察官は、すべての部屋をできるだけ早く調べて犯人を急襲しなければならなかった。

警察官らの装備はライフル（銃身に照明を取りつけたもの）と自動拳銃で、それぞれ六〇発の銃弾が装填されていた。彼らはヘースティングの建物へと隊を成して進んだ。そのとき、大きな脅威が待ち受けていることや、結末は確かなものではないことを皆が知っていた。後に、一人の経験者が言った。

「作戦に出るときその結末がどのようなものになるのかは全くわかりません。心臓がバクバクしますよ……[2]。」

警察官は、静かに車両から荷を降ろし、暗闇の中、目的地へと進んでいった。六人は目標の建物の外側に待機し、その他の警察官は二人組に分かれ、各ペアにはドアを打ち破って障害物を取り払う道具を持った警察官が一人ずつついた。それぞれのペアは、決められたアパートの捜索を命じられ、入った部屋では、いつでも一人が左側、もう一人が右側を捜索することになっていた。

「ご存じの通り、警察官は危険の中を進んでいます。」

後に別の警察官が話した。

「つまり、殺すか、殺されるかという状況です。そいつは『馬鹿でかい』職責です。(3)」

シャーウッドは、六号室を担当する警察官の一人だった。彼は年齢三〇歳で、「馬鹿でかい職責」を負っていた。彼の給料は年間二万ポンド（約三五〇万円）だった。

シャーウッドは、ドアが破壊された部屋に入り、担当する部屋半分の捜索を始めた。暗闇の中、彼は銃の照準をのぞき込んだ。そのとき男が一人、片腕を広げて彼に向かって走って来るのがわかった。シャーウッドの判断に余裕はなかった。一秒以内に、何をすべきか決断しなければならなかった。暗闇の中で向かってくる相手は、返事をせず、立ち止まることもなかった。相手は二フィートも離れていないところにいた。彼はアシュレーに違いない。それともマクルーデンだろう。どちらにせよ、武器を持った、暴力的で危険な人物に違いない。そいつは人殺しも厭わない。そんな人物が今まさに必死でこちらに向かっている。

シャーウッドは、発砲した。

もし考える時間があったとしても（この場合、明らかにその時間はなかったが）、シャーウッドは、死ぬよりは生きて説明することを望んだだろう。他の警察官も皆同じに違いない。

銃弾は、暗闇の中の敵を撃ち抜き、後方に打ち倒した。シャーウッドは、即座に男の上にかがみ込み、傷を確認し血止めを試み、武器を探した。武器はどこにあるのだ？

そのとき、叫び声が響き、部屋の明かりがつけられた。寝室から女が現れ、床に倒れたアシュレーにかがみ込むシャーウッドを見つけた。

アシュレーは、倒れて血を流していた。素っ裸で、武器は持っていなかった。即死だった。事件の後にわかったことだが、シャーウッドの銃弾はアシュレーの肩から入り、鎖骨に当たって、心臓へと至り胸郭を貫通していた。

警察官の発砲で人が死亡した際には、自動的に調査が始まる。シャーウッドの調査は、ケント警察が担当することになった。彼らは、サセックス警察のシステム的失敗として、間違った情報、ずさんな作戦計画、急襲技術の誤用、小者（下っぱ）への誤った注目などを明らかにした。そして、サセックス警察による情報収集、計画、実行が「完全な組織的失敗」だったと非難した。

シャーウッドは、武器を持たない人間を殺してしまったことにショックを受けていた。彼は四日間の事情聴取の中で、彼が事件のときに持ち得た情報を考慮すれば、発砲は正当防衛の行動だったと主張した。その後、シャーウッドは、調査官が国の検察局と公訴担当官に向けて報告書を作成していることを新聞で知った。その時点では、刑事犯罪として告発されるかどうかは不明だと書かれていた。

しかし、告発はなされた。事件が起きて一年半が過ぎた頃、シャーウッドは、殺人罪で起訴されたのである。

「何か不都合が起きたときに、自分が殺人犯として扱われるなら、誰が自分のキャリアと自由を脅かすようなリスクをおかしたいと思うでしょうか？　そんなやつはいません。(4)」

ある引退した武装警官は思い返すように言った。

「完全な組織的失敗」によって、シャーウッドは特殊作戦に送り込まれた。同様に、一二〇〇発の銃弾を持って送り込まれた他の警察官も、同じような結果に直面した（しかし、それは警告書を受ける程度だった）。殺人容疑は、これ以上もなく深刻である。

国の射撃訓練校の責任者による再調査では、銃を使用する必要性はなかったと報告された。別の調査者は、銃器使用に関するガイドラインについて責任を持つ人物であったが、彼の報告でも今回の事件は銃使用の必要条件を満たしていなかったことが報告された。アパートにおける今回の急襲技術は、「バミューダ」として知られる、極めて危険な方法だった。バミューダは本来、今にも処刑されそうな人質を救出するために考案されたものだった。一方、サセックス警察は、容疑者逮捕のためにバミューダを用いることについて、北アイルランドの警察庁（RUC）からアドバイスされたと主張したが、RUCはそれを否定した。サセックス警察の記録にも、一九九二年頃に、「バミューダは危険要素が多く、それゆえに最終手段としてのみ使われるべきである」[5]という警告が記載されていた。サセックス警察の作戦参謀官は、警察の射撃訓練校長から、バミューダは非常に危険であると警告を受けていた。

しばらくして、サセックス警察の上級警察官とあの特殊作戦に参加した何人かの警察官との間で秘密の会合が行われていたことが明らかになった。この密談が明らかになった後、ケント警察の調査官は、サセックスの警察署長との協力関係を停止し、警察苦情処理機関に対して隠蔽の疑いを知らせた。それに対してサセックス警察は、ケント警察は大げさなだけで無能であると反撃した。その後、ハンプシャー警察が、ケント警察に代わり調査を引き継ぐことになったが、事件後の防衛的な責任転嫁が行われる中では、シャーウッドの殺人容疑以外に大きく注目されるものはなかった。

殺人罪で告訴される可能性は、今回の事件だけとは限らなかった。警察苦情処理局は、警察官の一般市民に対する発砲が刑事責任を免れているのはけしからんという国民の非難を受けていたのである。過去一〇年間に、イングランドとウェールズにおいて、四一人の非武装の一般人が警察官に撃たれ、そのうち一五人が死亡した。しかし、関係者の誰一人刑事上の有罪判決を受けず、その多くが起訴さえもされなかった。(6) 今回の件は、国民の非難に対して、ついに警察がなんらかの手を打ったことを示すために、シャーウッドがスケープゴートにされたようである。(7) 一瞬の決断が一年半にわたって検討された後、事件現場の暗闇の中で緊張と脅威に満ちた時間を共有していない人々が、シャーウッドは別の判断をすべきだったと述べた。その発言は、シャーウッドの行動ではなく、他のすべての警察官、以前の事件、警察の公的なイメージ、そして、警察上層部に与えられる圧力がもたらしたものだった。(8)

システムの失敗に対して、一人の個人が道徳上の責めと説明責任とを負わされるのは、今回が初めてではない。大きな利益を守るために個人が告訴されることも、今回が初めてではない。この本で述べられた事例の多くは、類似した方向性を示している。ここで提起される問題はやっかいなことに思われるかもしれない。このような犠牲は、二千年に渡って西洋社会を支えてきたアリストテレスの「正義の原理」をおかすものである。正義とは「強欲」を慎むことを意味している。つまり、他人を非難したり、他者が得て正当なものを否定したり、義務や約束を履行しなかったり、他人に敬意を払わなかったり、他者の自由や名声を傷つけたりする行為によって、己の利益を得ることを正義は許さない。[9] 強欲を慎むことは、重大な倫理的責任を組織のリーダーシップに課すことになる。社会的関心の高いインシデントやアクシデントが起きると、当事者は説明を強要され、その説明によって非難されたり、停職処分を受けたり、告訴され、有罪になる可能性がある。それがもたらす問題と圧力は単純な一包みの説明にまとめ上げられ、誰かの肩に負わされる。その誰かとは、きっと、職を辞め、世間から身を隠し、あるいはどこかに閉じこめておくことのできる誰かだろう。しかし、これは倫理的でない。組織や将来の安全や公正さにとっても、生産的なことではない。

公正がもたらす不公正

裁判による正義の追求は、常に真実と嘘、そして敗者と勝者（敗者のほうが多い）を生み出すだろう。結果として、スケープゴートがその潔白を証明することができたとしても、相反する利害の存在によって、あらゆる和解が困難になるだろう。エラーを犯罪として扱うことによって、裁判の結果を問わず、常に敗者がいる状況を作り出すだろう。人々を敵と味方に分けることは、たとえ被告の実務者が無罪になったとしても、公正のうちに、不公正を存在させるだろう。共通の利益は消失し、信頼は破壊され、共有された価値は踏みつけられる。そして、関係性は破壊される。

二〇〇一年五月二日、シャーウッドは、ロンドンの中央刑事裁判所にて、無罪判決を受けた。裁判官のラファティー女史は、シャーウッドが正当防衛のために発砲したこと以外に、殺人の意図を示す証拠がないと指摘した。ここで、正義（公正）が勝ったと同時に不公正が勝った。事件の後になされた隠蔽工作はどうなのか？　アシュレーの家族や、彼のまだ温かい死体を見つけた恋人はどうなのか？　彼らには何の補償もなく、正義も、世論の同情もなかった。多くの評論家は不満の声を上げている。[10] その反応は、警察苦情処理機関はその厳格さを示すべきという圧力、他の誰かが告訴され、判決を受けるべきだという圧力が残っていることを意味している。

公正な文化がないことは、日々働く人々にとっての平和もないということである。

監訳者による解説とあとがき

チェズレイ・サレンバーガーといえば、エンジンが停止した旅客機を巧みな操縦でハドソン川に不時着させて、一躍「ハドソン川の英雄」と称えられたＵＳエアウェイズ１５４９便の機長である。１５４９便のクルーにブルームバーグ市長から「ニューヨーク市の鍵」が贈呈されたという記事の中に、次のような記述を見つけた（二〇〇九年二月九日付ウォールストリートジャーナルＢＬＯＧＳ）。

鍵のほか、サレンバーガー機長への称賛のしるしとして、ブルームバーグ市長は機長が着水の際に失った図書館の本を一冊進呈した。それはシドニー・デッカー著の『ジャスト・カルチャー』である。この本は（中略）パイロットにとって魅力的な読み物である。パイロットのエラーを犯罪として扱う最近の動きを考えると、とりわけそう言える。

サレンバーガー機長が図書館から借りた『ジャスト・カルチャー』を、たまたま事故当日に持って搭乗したという偶然の出来事に過ぎないのかもしれない。しかし、ちょうどこの頃、翻訳作業に精を出していた私たち共訳者一同は、このような英雄的機長が本書を愛読していたというニュースに奮い立ったものである（厳密には、愛読していたかどうか、ニュースからは読み取れないのだが、愛読していたと信じよう）。

そう、『ジャスト・カルチャー（Just Culture）』が本書の原題である。「安全性と説明責任のバランスをとって（Balancing Safety and Accountability）」という副題がついている。この「ジャスト」をどう訳すかは大変難しい問題だった。「公平な」、「公正な」、「正義の」という意味の形容詞であり、派生語の「ジャスティス（justice）」には公平、公正、正義のほか、「裁き」、「裁判」、「司法」という意味もある。

たとえば、プロローグのマーラ看護師が、弁護士から病院や医師や他の看護師の問題を持ち出さないよう言われた場面で、デッカーは次のように書いている。

裁判《ジャスティス》とは、真実のストーリー、実際に起きた出来事を引き出す場ではないのか？ それが正義《ジャスト》だ。裁判《ジャスティス》とは、間違いを正し、その再発を防ぐためのものだ。それも正義《ジャスト》だ。（四頁、ルビは本文にはない）

この例では「正義」と訳したが、他の大部分では「公正な」と訳した。イギリスの心理学者でヒューマンエラーの研究で名高いジェームズ・リーズンは、『組織事故』*という著書の中で、安全文化を構築するために達成すべき四つの要素を上げている。そのうちの一つが「ジャスト・カルチャー」であった。私はその内容を拙著『失敗のメカニズム』で次のように紹介した。

「正義の文化」とは、叱るべきは叱る、罰するべきは罰するという規律である。安全規則違反や不安全行動を放置してはならない。**

ここでもジャストを「正義」と訳したのは、信賞必罰や規律という側面が強調されていたからである（ちなみに、『組織事故』の邦訳***でも「正義の文化」と訳されている）。

しかし、本書を読んでいただければおわかりの通り、デッカーが説くジャスト・カルチャーは、もっと柔軟なものである。起きてしまったことから最大限の学習をし、それによって安全性を高めるための対策を行うことと同時に、事故の被害者や社会に対して最大限の説明責任を果たすこと。この二つの目的を実現するための挑戦を続ける組織文化が「ジャスト・カルチャー」なのだ。

そこで、さんざん悩んだ末に、本書では「公正な文化」と表現することに決めた。デッカーは、「公正な文化」には、オープンさ、法令遵守、より安全な実務の遂行、批判的な自己点検が備わるもの

* James Reason. *Managing the Risks of Organizational Accidents*. Ashgate, 1997.

** 芳賀繁『失敗のメカニズム』日本出版サービス、二〇〇〇年、一八九頁。

*** 『組織事故』塩見弘（監訳）、日科技連出版社、一九九九年。

説明責任を果たすことの両方をどうやって満足させるかが本書の論点である」（四六頁）と述べている。

公正な文化を構築する上で、大きな障害となるのが司法システムの介入である。医師、看護師、航空パイロット、管制官、警察官、ソーシャルワーカーなど、高度な専門性を持った実務者（本書では「専門家（professionals）」とも呼ぶ）がエラーをおかして被害が生じた場合、刑事責任を問われて裁判にかけられることがあるのは日本だけではない。デッカーは数多くの具体例を引きながら、このような司法システムの介入が、実務者たちの報告意欲を削ぎ、実務者と組織、組織と規制当局の間の信頼を壊し、実務者も組織も安全性向上より自己防衛の方策に力を入れるようになると警告する。また、裁判を通して真実を明らかにしたいという被害者の期待も叶えられないことが多いという。なぜなら、裁判においては、自分に不利になる証言はしなくていいことが権利として認められているし、裁判の争点となっている問題以外は論じられることがないし、対立する事故についての説明のどれが正しいかが決定され、他はすべて間違っていると却下されるからである。しかし、高度で複雑なシステムの中で起きた事故の説明は、様々な視点からの複数の説明があり得て、そのうちどれか一つだけが「真実」というような単純なものではない。複数の説明のそれぞれに一理あることを認め、対策を多角的に進めていくことが安全性の向上に必要なのだ。

もちろん、だからといって、専門家のエラーがすべて免責にされるべきだと主張しているわけではない。許容されるエラーと許容されない（すなわち罰すべき）エラーの間の境界線をどう引くかという問題も、本書の重要な論点となっている。詳しくは本文を読んでいただきたいが、デッカーの主張は以下のように要約できるだろう。

・多くの論者は悪質なエラー、著しい怠慢、意図的な違反は許容できないと言うが、「悪質」、「怠慢」、「意図的」などを客観的に定義することは難しい。
・したがって、どこに境界線を引くかという問題を議論するのをやめて、誰が境界線を引くかということを議論すべきである。
・司法システムが境界線を引く（すなわち、有罪か無罪かを決める）のは弊害が多い。
・したがって、同じ職種の専門家や外部有識者によって構成される機関などが、権威と専門性を持って線引きをし、当事者、被害者、社会がその決定を受け入れる仕組みを作る必要がある。

この意見には、安全と危険が紙一重の業務に携わる専門家の大半が賛同するだろう。しかし、そうでない人々にとっては、専門家に甘すぎると感じるかもしれない。いくら悪意がなかったとしても、過失により人を傷つけたり、死なせたりした者は罰せられるべきだ、そしてエラーをおかした専門家が罰せられることによって、他の専門家がもっと注意して仕事をするようになるだろうと思うかもしれない。実際には業務上過失致死罪に対する刑事罰は軽く、執行猶予もつきやすい。職能団体による資格停止などの処分のほうが、専門家にとっては重いものとなる可能性がある。また、注意をしていてもおかしてしまうのがヒューマンエラーであって、「一罰百戒」の原理は成り立たないと私は考えている。むしろ、刑事罰を恐れて報告を上げなかったり、失敗を隠すことの弊害が大きいと私は思う。ただし、デッカーの主張が日本社会に受け入れられるためには、次の三つの条件が満たされる必要があるだろう。

1　事故を調査し、それにかかわった専門家の行動が許容できるかできないかを判断し、許容できない場合には資格にかかわる処分を決定するための、厳正で、能力の高い、その領域の実務者からも社会からも信頼される自律的組織が存在すること。

2　事故調査から得られた教訓に基づいて、安全性向上策が確実に実行される保証があること。

3　事故被害者が経済的・精神的支援を受ける仕組みを作ること。

この問題について、本書の出版をきっかけとして広範な社会的議論が起きることを期待している。

シドニー・デッカーはオランダのナイメーヘン大学で一九九一年に産業組織心理学の修士号、翌年、同じくオランダのライデン大学で実験心理学の修士号を得てからアメリカに渡り、一九九六年にオハイオ州立大学で認知システム工学の博士号を授与された。その後、一九九七年から二〇〇四年まで、スウェーデンのリンショーピン大学に在籍して、助教から准教授、さらに教授へと昇進し、現在は同国のルンド大学で、ヒューマンファクターズ（人間工学）を担当する教授である。その間に、イギリス、ニュージーランド、オーストラリア、シンガポールでも大学や航空関係機関と仕事をしている。また、航空パイロットの免許ももっていて、航空学校で教官をしているそうである。ヒューマンエラー、システム安全、失敗に対する刑事罰の可否などに関する多くの論文と著書がある。

韓国のソウルにあるヨンセイ（延世）大学の博士課程の大学院生ユン・ヨンシク君に、本書を紹介してくれたお礼を言いたい。彼は二〇〇七年一〇月から二〇〇九年三月まで日本に留学して私のゼミに在籍したが、ある日、大学院のゼミで本書の第1章の内容を紹介してくれたのである。その授業を彼と一緒に受けていたのが、本書の共訳者である大谷華、増田貴之、榎本隆司の三人であり、彼らが続きをぜひ読みたいと言って、次の週から自主的に何章かずつゼミで内容を報告してくれた。私はこの本の内容をできるだけ早く日本語で公刊すべきだと思い、産業安全、医療安全に関心を持っている若い心理学者の友人たち、大橋智樹、山浦一保、藤村まことを誘って翻訳作業を開始した。さらに、航空、医療、裁判の事例や概念の説明に正確を期すため、日頃から安全問題を一緒に研究している仲間である、元日本航空機長で日本ヒューマンファクター研究所の本江彰さん、札幌中央病院の佐々木潤医師、そして、東海大学法学部の池田良彦教授にお願いして、専門用語の監修をしてもらった。最後には、初校のゲラを全員に送って、訳語の不統一やわかりにくい表現をチェックしてもらった。とはいえ、最終判断は私が行い、再校では私の独断でかなりの添削を行ったので、もし誤訳や不正確な文章があれば、それは私の責任である。

本書をできるだけ早く出版することの意義を理解してくれて、タイトな編集スケジュールを組み、精力的に作業をしてくださった東京大学出版会の小室まどかさんに心から感謝します。

二〇〇九年九月

芳賀　繁

新装版の解説

二〇二四年一月二日、前日に能登半島で起きた最大震度7の大地震に関するテレビニュースが、羽田からの生中継に切り替わった。テレビ画面には、日本航空（ＪＡＬ）の大型旅客機が炎上している衝撃的な映像が流れていた。この旅客機は新千歳空港発羽田行きのＪＡＬ５１６便（エアバスA-350-941型機）で、能登半島地震の救援物資を新潟航空基地に輸送する任務を負って羽田を出発しようとしていた海上保安庁の「みずなぎ1号」（ボンバルディアDHC-8-315型機）と、羽田空港のC滑走路上で衝突したのである。みずなぎ1号の乗員六人中五人が死亡、一人が重傷を負った。ＪＡＬ機の乗員乗客三七九人は機体が焼け落ちる前に全員脱出に成功したが、一四人がけがをした。

運輸安全委員会は直ちに調査官を派遣したのは当然として、警視庁の捜査一課も事故の翌日に特別捜査本部を東京空港警察署に設置して、業務上過失致死傷容疑を視野に、さっそく現場検証と関係者への事情聴取を開始した。業務上過失致死罪および業務上過失致傷罪（以下、業務上過失罪とする）は、刑法２１１条の「業務上必要な注意を怠り、よって人を死傷させた者は、五年以下の拘禁刑又は一〇〇万円以下の罰金に処する。重大な過失により人を死傷させた者も、同様とする」という条文に基づく犯罪である。もしも、海保機の機長が管制指示に違反して滑走路に進入したことが事故につながる過失と認定されたら、もしも、ＪＡＬ機のパイロットが滑走路上の海保機を見落としたことが過失と認定されたら、もしも、管制官が滑走路上に停まっていた海保機を見落としたことが過失と認定されたら、この中の誰もが起訴されて刑事被告人になる可能性がある。まさかとは思うが、ＪＡＬ機から脱出した乗客が負傷したのは客室乗務員が業務上必要な注意を怠ったためだと認定されたら、世界中から称賛された客室乗務員の旅客誘導すら罪に問われかねないのだ。

ヒューマンエラーが犯罪として裁かれる日本

実際、まさかと思うような判決が最高裁判所で確定している。それは、柳田邦男さんが「推薦の言葉」の中で言及した、日本航空機駿河湾上空ニアミス事故の責任を問われた管制官に対する有罪判決である。

この事故は、管制官が便名を言い間違えたことがきっかけで発生した。二〇〇一年一月三一日午後三時五三分一五秒、埼玉県所沢市にある東京航空管制部の管制レーダーに異常接近警報（ＣＮＦ）が表示された。このままでは、ＪＡＬ９０７便（羽田発那覇行き）と、ＪＡＬ９５８便（韓国の釜山《プサン》発成田行き）が接近しすぎるという警告である。担当していたのは訓練生のＡ管制官と、指導役のＢ管制官だった。衝突を避けるために、Ａ管制官は９５８便に降下指示を出そうとしたが、９５８を９０７と言い間違え、９０７便のほうに降下指示を出してしまった。

９０７便の機長は管制指示を復唱して降下を開始した。このとき管制官たちは９５８便ではなく

９０７便から返事が来たことに気づかなかった。上昇中の大型機が降下に転ずるまでには時間がかかる。その間にも両機の距離はどんどん縮まっていった。管制官は９５８便に進路変更を求めたり、存在しない「９５７便」に降下指示を出したり、９０７便に上昇指示を出したりするが、いずれに対しても応答がなかった。

その間、上空ではＴＣＡＳ《ティーキャス》と呼ばれる空中衝突防止装置が働き、三時五四分三四秒から三五秒にかけて、９０７便には上昇、９５８便には降下の指示が自動的に出されていた。９５８便のパイロットはＴＣＡＳの指示に従って降下したが、９０７便はＴＣＡＳではなく管制官の指示に従ったので、両機とも降下して鉢合わせになってしまったのだ。事故の当時は、ＴＣＡＳと管制の指示が食い違った場合にどちらに従うかは決まっていなかった（その後、ＴＣＡＳを優先することになった）。

そして、三時五五分一一秒に両機は最接近した。ＣＮＦの表示から一分五七秒後である。９０７便の機長が急降下して回避したため辛くも空中衝突は免れたが、機内の乗客乗員一〇〇人が重軽傷を負った。もし空中衝突していたら、９０７便の乗員乗客四二七人と、９５８便の二五〇人全員の命が失われただろう。

事故から一年六カ月後の二〇〇二年七月に、航空・鉄道事故調査委員会（現在の運輸安全委員会）は報告書を公表し、事故および被害拡大に関与した多くの要因を指摘したうえで、システムや教育訓練、マニュアルなどの改善を提言した。

この報告書が出てから一年八カ月経った二〇〇四年三月、東京地検はＡ管制官とＢ管制官の二人を業務上過失致傷罪の容疑で起訴した。東京地方裁判所での一審は「管制官ら個人の刑事責任追及は相当でない」として無罪、東京高等裁判所での二審は「管制官として明らかに初歩的な単純ミスをした被告人に刑事責任を追及することは、何ら特異なこととは思われない」として有罪、そして、二〇一〇年一〇月、最高裁判所は高裁の判決を支持して被告人らの控訴を棄却した。

最高裁の判決には次のように書かれている(1)。

TCASに関する被告人両名の知識を前提にすれば、958便に対して降下の回避警告が発出されることは被告人両名において十分予見可能であり、ひいては907便と958便が共に降下を続けて異常接近し、両機の機長が接触、衝突を回避するため急降下を含む何らかの措置を採ることを余儀なくされ、その結果、乗客らに負傷の結果が生じることも予見できたと認められることになる。よって、航空管制官としての注意義務違反と、言い間違いの管制指示の是正に関して注意義務違反があり、これらの過失の競合によって航空管制官A及びBについて業務上過失致傷罪が成立することになる。

裁判長の補足意見はさらに厳しい。

本件は、そもそも、被告人両名が航空管制官として緊張感をもって、意識を集中して仕事をしていれば起こり得なかった事態である。被告人両名は異常接近警報が作動してそれまで失念していた958便の存在に気付き動揺したこともあって言い間違いをし、かつ言い間違いをしたことに気付かなかったものと認められるが、そうした切迫した状況下では、管制官には平時にもまして冷静沈着に、誤りなき指示を出すということが求められているというべきである。

この裁判長は、切迫した状況で平時にもまして冷静沈着になれるのだろうか。この結果、二人の有罪判決が確定し、国家公務員法の規定により二人の管制官は職を失った。

事故調査と犯罪捜査

本書のプロローグで紹介された医療過誤に関連して、デッカーは第3章（七四ページ）に、「看護師は正直に、自分が子どもの死に関与したことを上司に報告した。その結果、彼女は有罪判決を受け、現在は休職中である。おそらく、二度と医療現場に戻らないだろう」と書いている。第9章（一六二～一六五ページ）には、オランダの空港で起きた滑走路上のニアミスについて紹介している。インシデントレポートとその後の調査に基づいて、航空管制機関と独立運輸安全委員会が多岐にわたる改善勧告を公表したあとになって、検察官が三人の管制官を「人命財産に対して、危険な方法、もしくは危険になり得た方法で航空管制を行った」ことにより起訴した。結果的に有罪判決こそ出なかったが、この事件を契機に、管制官によるインシデントレポートは五〇パーセントも減少した。

日本でも、二〇〇四年に福島県立大野病院で帝王切開手術中に母親が大量出血によって死亡した医療過誤について、業務上過失致死罪および医師法に定める異状死の届出義務違反の容疑で執刀医が逮捕・起訴された。県が設置した医療事故調査委員会の報告書に、産科医のミスを指摘する記述があったためと考えられる。福島地方裁判所で開かれた裁判で、検察は「胎盤剝離の継続が大量出血をもたらすことは予見可能であり、癒着胎盤と判明した段階で剝離を中止して子宮摘出術に移行すれば妊婦の死亡は回避可能であったにもかかわらず、これをしなかった義務違反が認められ、過失がある」と主張した。結局、この一審では無罪判決が出て、検察が控訴しなかったために無罪が確定したが、この事件は、危険を伴う医療を行っている全国の医師に大きな衝撃を与えた。二〇〇七年から二〇一一年まで日本産科婦人科学会理事長を務めた吉村泰典医師は、「業務上過失致死や異状死届け出義務違反などを根拠にした司法の介入や一貫性のなさが続けば、産科ばかりでなく、常に患者の死のリスクと直面しながら医療行為を行っている臨床現場の医師や看護師は使命感を喪失し、モチベーションをもって業務に臨むことができない。ひいては、そのことが医療を遅延させることになる。そればかりか、医療崩壊の危機を増大させることになる」と警鐘を鳴らした。(2)

大野病院の事件では医師三人を委員とする調査委員会がまとめた事故報告書が検察側の立件に使われたが、日本航空機駿河湾上空ニアミス事故でも航空・鉄道事故調査委員会の報告書が司法に利用されている。これは一九七二年に航空事故調査委員会設置法案に関連して、警察庁と当時の運輸省が取り交わした「覚書」に基づくものであった。その後、航空事故調査委員会が航空・鉄道事故調査委員会、運輸安全委員会へと調査対象を拡大したのに合わせて順次継承され、二〇〇八年に警察庁長官と国土交通省事務次官との間で、これまでの取り決めは今後とも有効なものと明確に文書で確認された(3)。「覚書」では、「法案……の規定による処分〔筆者注：関係者から報告を受ける、関係者に質問をする、航空機等の物件を検査することなど〕を行おうとする者は、当該処分が捜査機関の行う犯罪捜査と競合しない場合を除き、あらかじめ捜査機関の意見を聞き、当該処分が犯罪捜査に支障をきたさないようにするものとする」、「捜査機関から調査委員会委員長に対し、事故の原因について鑑定依頼があったときは、事故調査委員会委員長等は、支障のない限りこれに応じるものとする」（鑑定嘱託条項）などと規定されている。「犯罪」には業務上過失致死傷罪も含まれることに留意されたい。ヒューマンエラーが刑事犯罪として裁かれる日本では、事故調査は捜査活動の邪魔にならないように行い、調査結果は警察に差し出さなければならないのである。

運輸安全委員会のすべての事故調査報告書には、冒頭に「本報告書の調査は、事故等の防止に寄与することを目的として行われたものであり、責任を問うために行われたものではない」と明記されている。駿河湾上空ニアミス事故の報告書にも次のように書かれている(4)。

本報告書の調査は……航空・鉄道事故調査委員会設置法及び国際民間航空条約第13付属書にしたがい、航空・鉄道事故調査委員会により、航空事故の原因を究明し、事故の防止に寄与することを目的として行われたものであり、事故の責任を問うために行われたものではない。

国際民間航空条約第13付属書（ICAO ANNEX 13）には、「罪や責任を課するためのいかなる司法上又は行政上の手続きも、本付属書の規定に基づく調査とは分離されるべきである」と明記されている。さらに、次のようにも定められている。(5)

事故又はインシデントがいかなる場所で発生しても、国の適切な司法当局が、記録の開示が当該調査又は将来の調査に及ぼす国内的及び国際的悪影響よりも重要であると決定した場合でなければ、調査実施国は、次の記録*を事故又は重大インシデント調査以外の目的に利用してはならない。

このあとの注釈には、このような記録に含まれる情報がその後の懲戒や民事・刑事上の処分に不適切に利用されると、将来、調査官に対して包み隠さず話してもらえなくなり、ひいては航空の安全に著しく影響を及ぼすことになると書かれている。

ところが、日本の国会がこの条約を批准しているにもかかわらず、日本政府は二〇〇八年にＩＣＡＯに対して三項目から成る「相違通告」を提出した。その第３項は次のようなものである。

なお、日本の事故調査当局と警察当局の間では覚書・細目が交わされており、事故調査と犯罪捜査が競合する場合にそれぞれの業務に支障をきたすことのないよう、関係物件の押収、関係者からの事情聴取等の活動の調整がなされている。

つまり、罪や責任を課するための司法上又は行政上の手続きは本付属書の規定に基づく調査とは分離されるべきであるという条文にも、調査の過程で入手した口述等の記録は事故調査以外の目的に利用してはならないという条文にも従わないと通告したのである。

この通告については、管制官や航空会社の労働組合によって構成される航空安全推進連絡会議が二〇〇九年に、「覚書」から鑑定嘱託条項を削除し、国内法とICAO ANNEX 13の内容が合致するような法整備に着手することを求めたが[6]、未だに実現していない。

同連絡会議は、二〇二四年一月二日の羽田空港地上衝突事故の翌日、緊急声明を発出して、運輸安全委員会による慎重かつ正確な事故調査が実施されるべきこと、運輸安全委員会の事故調査結果が司法捜査や裁判証拠に利用されることは航空民間条約から逸脱した行為であり容認できるものではないと訴えた[7]。

捜査機関における事情聴取では、自分の不利になる証言はしなくてよいという「黙秘権」が憲法で認められている。事故の再発予防のために調査委員会に自分のエラーを正直に話したことが、後になって刑事罰を伴う過失の証拠とされてしまうなど、許されることではないと筆者は考える。

＊　筆者注：証言、意見、ボイスレコーダーに記録された音声など。

リスクの予見可能性とマネジメント

業務上過失罪の犯罪構成要件として、予見可能性がある。事故が起きる可能性（リスク）を予見できたにもかかわらず対策をとらなかった場合、その不作為は刑法上の過失とみなされる。リスクを予見できなければ罪に問われないというのは、リスクマネジメントの基本理念の否定である。

東武伊勢崎線竹ノ塚駅踏切死傷事故で、列車接近中にロックを解除して遮断機を上げてしまった踏切保安係だけが起訴されたのは、駅長も本社担当者も、この踏切で危険な操作が日常的に繰り返されていたことを知らなかったという理由による。一方、ＪＲ福知山線脱線事故で山崎正夫社長（当時）が起訴されたのは、彼が事故現場のカーブを付け替える工事をしたときの鉄道事業本部長であり、直線からの急カーブで速度超過による脱線転覆があり得ることを予見できたと検察が認定したためである。その後の検察審査会の議決で起訴されることになったが、神戸地検が山崎氏以外の歴代三社長を起訴しなかったのは、彼らが現場のリスクを知る立場になかったと判断したからである。

リスクマネジメントには、まず事故リスクがどこにあるかを知る努力から始まり、リスクの大きさを評価し、優先順位を付けて対策を講じる取り組みが含まれる。リスクの所在を知ってもすべて対策しなければならないわけではない。あらゆる事業には、とりわけ医療、航空、鉄道、原子力などには必ずリスクが伴う。リスクをゼロにするには事業をやめるほかないのだから、小さなリスクは容認せざるを得ない。しかし、リスクを知ることが刑事罰の要件になるならば、リスクを知らないほうが得である。それは、真剣にリスクマネジメントに取り組む意欲を削ぐことになりかねない。

事故の被害者が求めるのは、必ずしも責任者の処罰ではない。事故の教訓から学んで同じ悲劇を繰り返さないことである。そのためには事故がなぜ起きたのかを説明してほしいと望む。この説明責任を最も早く、正確に果たせるのは事故の当事者である企業や病院のはずである。ところが、司法が刑事責任を追及する制度では、(当事者は自己に不利になる証言をする義務はないので)説明責任は検察が担い、判断は法廷が下す。これはシステム性事故には馴染まないし、有効でもない。説明責任を当事者が果たし、判断は事故調査機関が下すべきなのである。事故を起こした側が誠実に説明責任を果たすことを被害者は求めており、そうすることにより再発予防に向けて当事者と被害者が共に努力する環境が生まれるだろう。裁判は両者の溝を深めるだけである。

ヒューマンエラー非懲罰の広がり

一方、事業者の間では、ヒューマンエラーは処罰すべきではないという考えが浸透してきたように思われる。鉄道の場合のきっかけは、一〇七人もの犠牲者を出した二〇〇五年のJR福知山線脱線事故である。航空・鉄道事故調査委員会(現在の運輸安全委員会)が二〇〇七年に公表した報告書は、JR西日本の厳しすぎる懲戒処分が事故の一因であると記した。「インシデント等を発生させた運転士にペナルティであると受け取られることのある日勤教育又は懲戒処分等を行い、その報告を怠り又は虚偽報告を行った運転士にはより厳しい日勤教育又は懲戒処分等を行うという同社の運転士管理方法が関与した可能性が考えられる」と。[8]

その後、JR西日本では、事故の遺族と会社幹部と、筆者を含む有識者とが一つのテーブルについて今後の安全について話し合う「安全フォローアップ会議」を設置し、二〇一二年から二〇一四年にかけて一一回にわたって議論を重ねた。その中で、「ヒューマンエラー非懲戒の方針を会社として決定し、社員に徹底・周知すること。すなわち、誠実な態度で職務を遂行していても確率的に発生することが避けられないエラーについては、原因究明と再発防止を優先するために当該社員を処罰しないこと」という提言が会議委員から出された。[9] この提言を受けたJR西日本は社内の調整を経て、二〇一六年四月から、乗務員らの人為的ミスについて、「たとえ事故になったとしても、悪質なケース以外は責任を問わない」というヒューマンエラー非懲戒ポリシーを導入した。

一方、航空業界では、国土交通省航空局が二〇一四年の三月に「安全管理システムの構築に係る一般指針」を一部改正したことがヒューマンエラー非懲戒が浸透するきっかけになった。そのとき加えられた中に次の一文がある。

> 航空運送事業者が遂行する事業全般において発生した、安全に関する情報（中略）を非懲戒環境下で収集し、経営の責任者や安全統括管理者を含め必要な階層・部門に伝達するための社内体制やシステムを構築することを明らかにすること（国官参事第二一五〇号）。

なお、「非懲戒環境下」とは「原則として社内的な懲罰措置が適用されない環境のこと」と説明されている。

日本の航空業界では、日本航空が柳田邦男氏を座長とする安全アドバイザリーグループの提言を受けて、二〇〇七年にヒューマンエラー非懲戒の方針を社内外に宣言したのを始めとして、全日空などでも同様のポリシーを定めている。二〇一四年の航空局の決定を受けて、まだ非懲戒方針を定めていなかった航空事業者も非懲戒ポリシーを定めた。

ヒューマンエラーの非懲戒ポリシーは報告制度のためだけに必要なのではない。公正な組織文化があって初めて、報告する文化が生まれ、学習する文化につながり、現場第一線による自律的で臨機応変な安全行動がとれる柔軟な文化へと発展していくだろう。ヒューマンエラー非懲戒は、強くてしなやかな安全文化の基盤であると筆者は考えている。

公正な文化と説明責任のその後

さて、本書はシドニー・デッカーが二〇〇七年に出版した"Just Culture"の初版を翻訳したものだが、その後、二〇一二年に第2版、二〇一六年に第3版が出されている。

第2版では、第1章に「何が正しい行為か」(What Is the Right Thing to Do?)という新しい章が追加された。ここでは、何が「正しい行為」なのかは視点が異なれば異なると説き、倫理上の問題を解説したうえで、組織内に公正をどのように創り出すかを論じている。

第3版では、「何が正しい行為か」という章は最後の第5章に移動して、第1章に「応報と修復のジャストカルチャー」（Retributive and Restorative Just Culture）が新たに書き下ろされている。書名Just Cultureに添えられた副題は、初版、第2版とも「安全性と説明責任のバランスをとる」（Balancing Safety and Accountability）だったのが、第3版では「あなたの組織の信頼と説明責任を修復する」（Restoring Trust and Accountability in Your Organization）に変えられた。

公正な文化（ジャストカルチャー）では、正直な報告とヒューマンエラーが処罰されないとしても、説明責任は残る。「応報の文化」における説明責任とは、どのルールが破られたのか、誰が不適切な行為を行ったのか、その行為は許される限界の内側なのか外側なのかを説明することだ。しかし、第3版においてデッカーは説明責任について新しい考えを提示している。それは、事故によって誰が傷ついたのか、その人の望みは何か、その望みを叶えるのは誰の責務かを問うことだという。修復のジャストカルチャーにおける「説明」（account）とは人々に語ってもらうこと、それを他の人が傾聴することである。応報と修復のプロセスを比較した表の中で、応報では「傷に対し、より大きな傷で報いる」（Meets hurt with more hurt）のに対し、修復では「傷に対し、癒やしで報いる」（Meets hurt with healing）と書かれていることが心に響いた。このような文化が定着することを願ってやまない。

二〇二四年五月

芳賀　繁

引用文献・注

まえがき

1 Skegg, P. D. G. (1998). Criminal prosecutions of negligent health professionals: The New Zealand experience. *Medical Law Review*, 6, 220–246.

2 Green, J. (2003). The ultimate challenge for risk technologies: Controlling the accidental. In J. Summerton and B. Berner (eds), *Constructing risk and safety in technological practice*. London, UK: Routledge.

プロローグ

1 マーラ看護師の報告は，彼女自身から著者にもたらされ，スウェーデン語から翻訳されている．

2 Swedish Supreme Court verdict B 2328–05, 19 April 2006, at 4–5.

3 Ibid.

4 Laudan, L. (2006). *Truth, error and criminal law: An essay in legal epistemology*. Cambridge, UK: Cambridge University Press, 2.

第 1 章

1 Hilhorst, P. (2006, December 12). *Bij de dood van een peuter* (On the death of a toddler). De Volkskrant, 13.

2 Sharpe, V. A. (2003). Promoting patient safety: An ethical basis for policy deliberation. *Hastings Center Report Special Supplement*, 33 (5), S1–S20.

3 たとえば，Cohen-Charash, Y. & Spector, P. E. (2001). The role of justice in organizations: A meta-analysis. *Organizational Behavior and Human Decision Processes*, 86, 278–321; Colquitt, J. A., Conlon, D. E., Wesson, M. J., Poter, C. O. L. H., & Ng, K. Y. (2001). Justice at the millennium: A meta-analytic review of 25 years of organizational justice research. *Journal of Applied Psychology*, 86, 425–445.

4 GAIN (2004). *Roadmap to a just culture: Enhancing the safety environment*. Global Aviation Information Network (Group E: Flight Ops/ ATC Ops Safety Information Sharing Working Group), 3.

第 2 章

1 Wilkinson, S. (1994). The November Oscar incident: Airline pilots are haunted by a missed approach that left only one casualty-the captain. *Smith-*

sonian Air and Space, February-March, 80-87.
2 Wilkinson, op. cit., 82.
3 Ibid., 84.
4 Ibid.
5 David Beaty, quoted ibid.
6 Ibid., 85.
7 Ibid.
8 Ibid., 86.
9 Ibid., 87.
10 Ibid.
11 Visotzky, B. (1996). *The genesis of ethics*. New York: Crown Publishers, Inc.
12 Ibid., 71.
13 Rawls, J. (2003). *A theory of justice*. Cambridge, MA: Harvard University Press.
14 Wilkinson, op. cit., 84.
15 Berlinger, N. (2005). *After harm: Medical error and the ethics of forgiveness*. Baltimore, MD: The Johns Hopkins University Press.

第3章

1 Eurocontrol Safety Regulatory Requirement (*ESARR 2*). Brussels: Eurocontrol.
2 Norwegian Air Law, Article 12-24.
3 Sharpe, V. A. (2003). Promoting patient safety: An ethical basis for policy deliberation. *Hastings Center Report Special Supplement*, 33 (5), S1-S20.
4 この研究についての詳細は，Dekker, S. W. A. & Laursen, T. (2007). From punitive action to confidential reporting: A longitudinal study of organizational learning. *Patient Safety and Quality Healthcare*, 4 (5), 50-56.

第4章

1 Sharpe, V. A. (2003). Promoting patient safety: An ethical basis for policy deliberation. *The Hastings Center Report*, 4, S1-S19.
2 The Observer (Oxford, UK), Sunday, March 18, 2007, 1.
3 Berlinger, N. (2005). *After harm: Medical error and the ethics of forgiveness*. Baltimore, MD: The Johns Hopkins University Press.
4 Cohen, J. R. (2002). Legislating apology: The pros and cons. *University of Cincinnati Law Review*, 70, 819-72.

5　American Medical Association (1981). *Code of Medical Ethics, Ethical opinions E-8.* 12. Chicago, IL: AMA.

6　Berlinger, op. cit.

7　ナンシー・ベリンジャーは情報開示と謝罪に関して広範にわたって述べている．Ibid., 42-62.

第 5 章

1　Bosk, C. L. (2003). *Forgive and remember: Managing medical failure* (2nd edition). Chicago: University of Chicago Press.

2　Ibid., 45.

3　Ibid., 44.

4　Ibid., 60-61.

第 6 章

1　Brennan, T. A., Sox, C. A., & Burstin. H. R. (1996). Relation between negligent adverse events and the outcomes of medical malpractice litigation. *New England Jounal of Medicine,* 335, 1963-1967.

2　Dauer, E. A. (2004). Ethical misfits: Mediation and medical malpractice litigation. In V. A. Sharpe (ed.), *Accountability: Patient safety and policy reform,* 185-201, Washington, DC: Georgetown University Press, 194.

3　Hidden, A. (1989). *Clapham Junction Accident Investigation Report.* London: HM Stationery Office, 147.

4　A version of the story was published in Lanir, Z. (1989). The reasonable choice of disaster: The shooting down of the Libyan airliner on 21 February 1973. *Jounal of Strategic Studies,* 12, 479-493.

第 7 章

1　Ferguson, J. & Fakelmann, R. (2005). The culture factor. *Frontiers of Health Services Management,* 22 (1), 33-40.

2　GAIN (2004). *Roadmap to a just culture: Enhancing the safety environment.* Global Aviation Information Network (Group E: Flight Ops/ ATC Ops Safety Information Sharing Working Group), viii.

3　Ibid., 6

4　もちろん，私たちの文明はある種の行為を法律で禁止することでかなりの部分が成り立っている．たとえばレイプのような行為は議論するまでもなく，世界中で非難すべきものとされている．もしも「レイプはわれわれがそれに犯罪というラベルを貼るから犯罪となるのだ」などと論じれば，大バカ者と

みなされ，誰からも相手にされなくなるだろう．

　ある文明が何を犯罪とみなすかについて，このような基本線はあるものの，その先，他の何を犯罪とするかについては，時代や文化によって違いがある．本書で扱う「犯罪」がよい例である．それらの行為は専門家（看護師，医師，パイロット，管制官，警察官，経営者たち）が通常の業務を行っている最中に「おかされる」．彼らには人を殺したり傷つけたりする動機はないが，私たちは社会的に，彼らが業務中に人を殺傷する方法と機会を与えている．私たちは社会として，あるいは雇用組織として，悪い結果を招いた行為を有責の，場合によっては罰すべき犯罪的なものに何とかして変換しようとする．しかし，これは行為の本質によるのではなく，行為を私たちがどう解釈するかにかかっているのだ．

5　Reason, J. T. (1997). *Managing the risks of organizational accidents.* Aldershot, UK: Ashgate Publishing Co., 209.

6　Alicke, M. D. (2000). Culpable control and the psychology of blame. *Psychological Bulletin,* 126 (4), 556–574.

7　Ibid., 557.

8　Swedish Supreme Court verdict B 2328–05, 19 April 2006, 3–4.

9　Ibid., 4–5.

10　Ibid., 5.

第８章

1　Laudan, L. (2006). *Truth, error and criminal law: An essay in legal epistemology.* Cambridge, UK: Cambridge University Press, 2.

2　Nagel, T. (1992). *The view from nowhere.* Oxford, UK: Oxford University Press.

3　Swedish Supreme Court verdict B 2328–05, 19 April 2006, 5–6.

第９章

1　McKenna, J. T. (1999). Criminal and safety probes at odds. *Aviation Week and Space Technology,* 47–48.

2　Eurocontrol Performance Review Commission (2006). *Report on legal and cultural issues in relation to ATM safety occurrence reporting in Europe: Outcome of a survey conducted by the Performance Review Unit in 2005–2006.* Brussels: Eurocontrol.

3　たとえば，Ter Kuile, A. (2004). Safety versus justice. *Canso News,* 18, 1–2.

4　Eurocontrol Performance Review Commission (2006), op. cit.

5　たとえば，North, D. M. (2002, February 4). Oil and water, cats and dogs.

Aviation Week and Space Technogy, 70.
6　この事例については，Ruitenberg, B. (2002). Court case against Dutch controllers. *The Controller*, 4 (41), 22-25.
7　Ter Kuile, op. cit.
8　Bittle, S. & Snider, L. (2006). From manslaughter to preventable accident: Shaping corporate criminal liability. *Law and Policy*, 28 (4), 470-496.
9　Merry, A. F. & McCall Smith, A. (2001). *Errors, medicine and the Law*. Cambridge, UK: Cambridge University Press, 127.
10　Ibid., 51.
11　Wilkinson, S. (1994). The November Oscar incident. *Air and Space*, February-March, 82.
12　Merry, A. F. & Peck, D. J. (1995). Anaesthetists, errors in drug administration and the law. *New Zealand Medical Journal*, 108, 185-187.
13　Lerner, J. S. & Tedock, P. E. (1999). Accounting for the effects of accountability. *Psychological Bulletin*, 125, 255-275; Thomas, E. W. (2005). *The judicial process: Realism pragmatism, practical reasoning and principles*. Cambridge, UK: Cambridge University Press.
14　Lerner & Tedock, op. cit.
15　たとえば，North, op. cit.
16　McKenna, op. cit.
17　不法行為法（tort law）は，狭義には英国のコモン・ローから派生した法体系の中で適用されるものだが，大陸法や他の法体系でも民法上の手続きを通して被害者が補償を受ける道が用意されている．もちろん，国によって様々な細かい面での違いは多数ある．さらに，一部の国では刑法犯罪と不法行為の両方を一括して取り扱う．すなわち，一つの同じ行いが犯罪（国家が罰を与えることになるような行為）かつ不法行為（被害者に損害を与えるような行為）として起訴されるのである．
18　Dauer, E. A. (2004). Ethical misfits: Mediation and medical malpractice litigation. In V. A. Sharpe (ed.), *Accountability: Patient safety and policy reform*. Washington, DC: Georgetown University Press, 185-201.
19　Sharpe. V. A. (2003), Promoting patient safety: An ethical basis for policy deliberation. *Hastings Center Report Special Supplement*, 33 (5), S1-S20.
20　たとえば，Sloan, F. A. & Hsieh, C. R. (1990). Variability in medical malpractice payments: Is the compensation fair? *Law and Society Review*, 24, 997-1039; Burstin, H. R., Johnson, W. G., Lipsitz, S. R., & Brennan, T. A. (1993). Do the poor sue more? A case-control study of malpractice claims and socioeconomic status. *Journal of the American Medical Association*, 13,

1697-1701.
21 Weiler, P. et al. (1993). *A measure of malpractice*. Cambridge, MA: Harvard University Press.
22 Kessler, D. & McClellan, M. (1996). Do doctors practice defensive medicine? *Quarterly Journal of Economics*, 111, 353-390.

第 10 章
1 Inspiration and material for this section comes from the first chapter of Wagenaar, W. A. (2006). *Vincent plast op de grond: Nachtmerries in het Nederlands recht (Vincent urinates on the ground: Nightmares in Dutch law)*. Amsterdam, NL: Uitgeverij Bert Bakker.
2 Rowe, M. (2002). The rest is silence. *Health Affairs*, 21 (4), 232-236.
3 Thomas, G. (2002). Aviation on trial. *Air Transport World*, 9, 31-33.
4 Argyris, C. & Schon, D. A. (1995). *Organizational learning II: Theory, method, and practice*. New York: Addison Wesley.
5 Berlinger, N. (2005). *After harm: Medical error and the ethics of forgiveness*. Baltimore, MD: The Johns Hopkins University Press.
6 National Transportation Safety Board (2007). *Report of Aviation Accident: Crash of repositioning flight, Pinnacle Airlines flight 3701, Bombardier CL-600-2B19, N8396A, Jefferson City, Missouri, October 14, 2004 (NTSB/AAR-07/01)*. Washington, DC: Author.
7 Dekker, S. W. A. (2006). *The field guide to understanding human error*. Aldershot, UK: Ashgate Publishing Co.
8 McKenna, J. T. (1999, 13 December). Crimiml and safety probes at odds. *Aviation Week and Space Technology*, 47-48.
9 Wagenaar, op. cit.

第 12 章
1 Dekker, S. W. A. (2006). *The field guide to understanding human error*. Aldershot, UK: Ashgate Publishing Co.
2 Pellegrino, E. D. (2004). Prevention of medical error: Where professional and organizational ethics meet. In V. A. Sharpe (ed.), *Accountability: Patient safety and policy reform*. Washington, DC: Georgetown University Press, 83-98.
3 Berlinger, N. (2005). *After harm: Medical error and the ethics of forgiveness*. Baltimore, MD: The Johns Hopkins University Press も参照のこと.
4 http://www.womens-health.org.nz/publications/WHW/whwjan97.

htm#litigation.
5 Dauer, E. A. (2004). Ethical misfits: Mediation and medical malpractice litigation. In Sharpe, op. cit., 185–202.
6 Lerner, J. S. & Tedock, P. E. (1999). Accounting for the effects of accountability. *Psychological Bulletin*, 125, 255–275.
7 Dekker, S. W. A. & Laursen, T. (2007). From punitive action to confidential reporting: A longitudinal study of organizational learning. *Patient Safety and Quality Healthcare*, 4 (5), 50–56.
8 Morreim, E. H. (2004). Medical errors: Pinning the blame versus blaming the system. In Sharpe, op. cit., 213–232.
9 Pellegrino, op. cit.
10 Texas executives faulted in BP explosion. *International Herald Tribune*, May 4, 2007, 10.

第13章

1 Morreim, E. H. (2004). Medical errors: Pinning the blame versus blaming the system. In V. A. Sharpe (ed.), *Accountability: Patient safety and policy reform*. Washington, DC: Georgetown University Press, 213–232.
2 Berlinger, N. (2005). *After harm: Medical error and the ethics of forgiveness*. Baltimore, MD: The Johns Hopkins University Press.
3 Dauer, E. A. (2004). Ethical misfits: Mediation and medical malpractice litigation. In Sharpe, op. cit., 185–202.

エピローグ

1 Seed, G. & Palmer, A. (1999). A shot in the dark. London: The Sunday Telegraph, January 24, 23.
2 Ibid.
3 Ibid.
4 Ibid.
5 Bond, P. (2001). British police acquitted of wrongdoing after shooting unarmed man, June 1. http://www.wsws.org/articles/2001/jun2001/kil-j01.shtml.
6 Ibid.
7 Seed & Palmer, op. cit.
8 Ibid.
9 Rawls, J. (2003). *A theory of justice*. Cambridge, MA: Harvard University Press.

10　Bond, op. cit.

新装版のための解説

1　柴田伊冊（2011）．司法における事実と目的と効果――焼津市付近上空のニアミス事故最高裁判決（平成20年（あ）920号業務上過失傷害被告事件・平成22年10月26日最高裁第一小法廷決定）から考える　千葉大学人文社会科学研究，22，32-53．
2　吉村泰典（2013）．産科が危ない――医療崩壊の現場から　角川書店
3　運輸安全委員会「警察庁との覚書関係資料」（https://www.mlit.go.jp/jtsb/fukuchiyama/kensyou/fu04-shiryou6-1-20091207.pdf）
4　航空・鉄道事故調査委員会（2002）．航空事故調査報告書2002-5（https://www.mlit.go.jp/jtsb/aircraft/rep-acci/2002-5-JA8904.pdf）
5　財団法人航空振興財団（1994）．国際民間航空条約第13付属書（第8版）（http://www.japa-shibu.jp/japa/japa_com/houmu/pdf/houritsu/icao13.pdf）
6　航空安全推進連絡会議（2009）．「国際民間航空条約第13付属書5.12条に対する相違通告」に関する見解（https://jfas-sky.jp/cms_202210/wp-content/uploads/2014/10/09kenkai_icaoannex13_souitsukoku.pdf）
7　航空安全推進連絡会議（2024）．2024年1月2日に東京国際空港で発生した航空機事故に関する緊急声明（https://jfas-sky.jp/cms_202210/wp-content/uploads/2024/01/Urgent-Statement-for-the-accident-on-010224-Japanese.pdf）
8　航空・鉄道事故調査委員会（2007）．鉄道事故調査報告書RA7-3-1　西日本旅客鉄道株式会社福知山線塚口駅～尼崎駅間列車脱線事故（https://www.mlit.go.jp/jtsb/railway/fukuchiyama/RA07-3-1-1.pdf）
9　JR西日本安全フォローアップ会議（2014）．JR西日本安全フォローアップ会議報告書（https://www.westjr.co.jp/safety/fukuchiyama/followup/pdf/followup_all.pdf）

訳者紹介（担当順，＊は監訳者）
芳賀　繁＊　まえがき・第 13 章
藤村まこと（ふじむら・まこと）福岡女学院大学人間関係学部准教授　プロローグ・エピローグ
山浦一保（やまうら・かずほ）立命館大学スポーツ健康科学部教授　第 1・2 章
大谷　華（おおや・はな）駒澤大学文学部非常勤講師　第 3・4・10 章
榎本隆司（えのもと・たかし）東日本旅客鉄道株式会社　第 5・6・11 章
大橋智樹（おおはし・ともき）宮城学院女子大学学芸学部教授　第 7—9 章
増田貴之（ますだ・たかゆき）元立教大学大学院現代心理学研究科博士課程　第 12 章

監修
池田良彦（いけだ・よしひこ）東海大学名誉教授　法律
佐々木潤（ささき・じゅん）札幌中央病院副院長　医療
本江　彰（ほんえ・あきら）日本ヒューマンファクター研究所副所長　航空

特別寄稿
柳田邦男（やなぎだ・くにお）ノンフィクション作家　推薦の言葉
現代人のいのちの危機をテーマ，ドキュメンタリー作品や評論を書き続けている．『マッハの恐怖』（フジ出版社，1971 年）で大宅壮一ノンフィクション賞，『犠牲』（文藝春秋，1995 年）とノンフィクション・ジャンル確立への貢献で菊池寛賞を受賞．

原著者紹介

シドニー・デッカー（Sidney Dekker）　ルンド大学教授を経てグリフィス大学教授，Ph.D. ヒューマンエラー，システム安全，失敗に対する刑事罰の可否などに関する多くの著論がある．主著に，Field Guide to Understanding Human Error（Ashgate, 2006）; The Safety Anarchist（Routledge, 2018）ほか．

監訳者紹介

芳賀　繁（はが・しげる）　株式会社社会安全研究所技術顧問・立教大学名誉教授．博士（文学，京都大学）．京都大学大学院修士課程修了後，鉄道労働科学研究所，鉄道総合技術研究所，立教大学現代心理学部などを経て，2018年4月から現職．安全マネジメントや安全教育に関する研究，執筆，コンサルティング，講演活動等を行っている．専門は産業・組織心理学，交通心理学，人間工学．主著に，『セーフティIIとは？「失敗を減らす」から「成功を増やす」へ』（中央労働災害防止協会，2024），『失敗ゼロからの脱却』（KADOKAWA, 2020），『絵でみる失敗のしくみ』（日本能率協会マネジメントセンター，2009）ほか．

ヒューマンエラーは裁けるか　新装版
——安全で公正な文化を築くには

2009年10月30日　初　版第1刷
2024年 6 月25日　新装版第1刷

［検印廃止］

監訳者　芳賀　繁

発行所　一般財団法人　東京大学出版会
代表者　吉見　俊哉
153-0041 東京都目黒区駒場 4-5-29
http://www.utp.or.jp/
電話 03-6407-1069 Fax 03-6407-1991
振替 00160-6-59964

印刷所　大日本法令印刷株式会社
製本所　誠製本株式会社

ISBN 978-4-13-053036-1 Printed in Japan